應用社會科學調查研究方法系列叢書 8

U0067133

調查研究方法

Survey Research Methods

Floyd J. Fowler, Jr. 著
王昭正、朱瑞淵譯
施富士校閱

弘智文化事業有限公司

Floyd J. Fowler, Jr.

Survey Research Methods

Chinese edition copyright © 1999
By Hurng-Chih Book Co., Ltd..
For sales in Worldwide.

ISBN 957-97910-0-7
Printed in Taiwan, Republic of China

前言

　　1984 年當我出第一版《調查研究方法》時,主要是想寫本簡易的書,讓非統計學或方法論的專家人士,能獲得有關在調查中錯誤來源的完整知識。透過完備的問題設計、良好的訪談以及提高問卷回覆率的方法,我希望減低非抽樣的誤差。儘管書中所有的主題,無法盡善地涵蓋各個層面,但社會上卻需要一本介紹各個主題的簡易書籍。因此,若需更深入、特別是關於技術性主題的資料,如抽樣或測量等,便需參考其他書籍了。

　　當初改版的原因有二:一是編入新方法論,一是加入新近的參考書目。雖然,調查方法論已存在多年,但過去十年來,至少在三方面有長足的進步。首先,1984 年起微電腦雖已開始使用,卻未普及;然而,目前在資料蒐集與資料登載程序(data entry procedure)方面,則是扮演著重要的角色。其次,在訓練、指導訪談人員方面,亦有相當顯著的成就;此外,在問題設計及評估方面,亦有顯著進步。這些內容,使得本書與前版有所不同。

　　關於調查研究方法論的文獻,已有很大的改變。除了

期刊文章（本書尚未蒐羅齊備）、至少還有調查方法著作的三大新方向、以及其他特定主題的書籍，包括 Sage 出版公司出版的社會科學系列。這些著作，讓調查研究方法論的資訊更易獲得；而提供讀者如何取得更詳盡資料，是本書的重要方向。

原書中，我衷心感謝 Morris Axelrod、Robert Kahn 和 Angus Campbell 提供個人寶貴知識。十年來，Robert Groves、Seymour Sudman 和 Norman Bradburn 等人對資料蒐集方法貢獻良多，Charles Cannell 不斷創新調查方法，其最新貢獻在於為測試及評估調查問題發展更為有效的方法。

再一次感謝本書一系列編輯，Len Bickman、Debra Rog 與 Sage 出版公司，鼓勵我，讓我有機會著書，並著手校正；非常感謝 Anstis Benfield 及 Virginia MacKay 為我整理修正稿。此外，由於麻州大學波士頓校區調查研究中心的協助，讓我有時間完成這項工作。Judy Chambliss 對我鼓勵有加，而我對此書負全部的責任。

Jack Fowler

叢書總序

　　美國加州的 Sage 出版公司,對於社會科學研究者,應該都是耳熟能詳的。而對研究方法有興趣的學者,對它出版的兩套叢書,社會科學量化方法應用叢書(Series: Quantitative Applications in the Social Sciences),以及社會科學方法應用叢書(Applied Social Research Methods Series),都不會陌生。前者比較著重的是各種統計方法的引介,而後者則以不同類別的研究方法為介紹的重點。叢書中的每一單冊,大約都在一百頁上下。導論的課程之後,想再對研究方法或統計分析進一步鑽研的話,這兩套叢書,都是入手的好材料。二者都出版了六十餘和四十餘種,說明了它們存在的價值和受到歡迎的程度。

　　弘智文化事業有限公司與 Sage 出版公司洽商,取得了社會科學方法應用叢書的版權許可,有選擇並有系統的規劃翻譯書中的部分,以饗國內學界,是相當有意義的。而中央研究院調查研究工作室也很榮幸與弘智公司合作,在國立編譯館的贊助支持下,進行這套叢書的翻譯工作。

　　一般人日常最容易接觸到的社會研究方法,可能是問

卷調查。有時候，可能是一位訪員登門拜訪，希望您回答就一份蠻長的問卷；有時候則在路上被人攔下，請您就一份簡單的問卷回答其中的問題；有時則是一份問卷寄到府上，請您填完寄回；而目前更經常的是，一通電話到您府上，希望您撥出一點時間回答幾個問題。問卷調查極可能是運用最廣泛的研究方法，就有上述不同的方式的運用，而由於研究經費與目的的考量上，各方法都各具優劣之處，同時在問卷題目的設計，在訪問工作的執行，以及在抽樣上和分析上，都顯現各自應該注意的重點。這套叢書對問卷的設計和各種問卷訪問方法，都有專書討論。

問卷調查，固然是社會科學研究者快速取得大量資料最有效且最便利的方法，同時可以從這種資料，對社會現象進行整體的推估。但是問卷的問題與答案都是預先設定的，因著成本和時間的考慮，只能放進有限的問題，個別差異大的現象也不容易設計成標準化的問題，於是問卷調查對社會現象的剖析，並非無往不利。而其他各類的方法，都可能提供問卷調查所不能提供的訊息，有的社會學研究者，更偏好採用參與觀察、深度訪談、民族誌研究、焦點團體以及個案研究等。

再者，不同的社會情境，不論是家庭、醫療組織或制度、教育機構或是社區，在社會科學方法的運用上，社會科學研究者可能都有特別的因應方法與態度。另外，對各種社會方法的運用，在分析上、在研究的倫理上以及在與既有理論或文獻的結合上，都有著共同的問題。此一叢書對這些特定的方法，特定的情境，以及共通的課題，都提

供專書討論。在目前全世界，有關研究方法，涵蓋面如此全面而有系統的叢書，可能僅此一家。

弘智文化事業公司的李茂興先生與長期關注翻譯事業的余伯泉先生（任職於中央研究院民族學研究所），見於此套叢者對國內社會科學界一定有所助益，也想到可以與成立才四年的中央研究院調查研究工作室合作推動這翻譯計畫，便與工作室的第一任主任瞿海源教授討論，隨而與我們兩人洽商，當時我們分別擔任調查研究工作室的主任與副主任。大家都認為這是值得進行的工作，尤其台灣目前社會科學研究方法的專業人才十分有限，國內學者合作撰述一系列方法上的專書，尚未到時候，引進這類國外出版有年的叢書，應可因應這方面的需求。

中央研究院調查研究工作室立的目標有三，第一是協助中研院同仁進行調查訪問的工作，第二是蒐集、整理國內問卷調查的原始資料，建立完整的電腦檔案，公開釋出讓學術界做用，第三進行研究方法的研究。由於參與這套叢書的翻譯，應有助於調查研究工作室在調查實務上的推動以及方法上的研究，於是向國立編譯館提出與弘智文化事業公司的翻譯合作案，並與李茂興先生共同邀約中央研究內外的學者參與，計畫三年內翻譯十八小書。目前第一期的六冊已經完成，其餘各冊亦已邀約適當學者進行中。

推動這工作的過程中，我們十分感謝瞿海源教授與余伯泉教授的發起與協助，國立編譯館的支持以及弘智公司與李茂興先生的密切合作。當然更感謝在百忙中仍願抽空參與此項工作的學界同仁。目前齊力已轉往南華管理學院

教育社會學研究所服務，但我們仍會共同關注此一叢書的
推展。

章英華·齊力

于中央研究院

調查研究工作室

1998 年 8 月

目錄

1

導論

　　本書探討關於問卷調查，其統計狀況的標準及實用程序，通常都採樣本做調查。調查包括抽樣（sampling）、問題設計（question design）、及訪談方法論（interviewing methodologies）。想要蒐集、分析或閱讀調查資料的人士，可從而習知其細節將如何影響一項調查的精確性、正確性和可信度。

　　本書探討主題為資料蒐集，包括資料蒐集的一般程序、實作標準、各種設計決定等。本書主旨在於提供欲蒐集、分析或讀取調查資料的人士，在評估蒐集資料的過程中，良好的基礎。讀者便能了解資料蒐集的細節工作，而對由調查資料產生的圖表和統計數字具有信心。

　　許多資料的蒐集與測量（measurement）步驟，都屬於

調查方法。本書則側重於具有下列特性的幾種調查方法：

1. 調查的目的在於提供統計數字——也就是由數量、數字顯示研究人口。
2. 蒐集資訊的主要方法爲問問題；而答案中包含資料可供分析。
3. 通常只由人口的一小部分取得資料——也就是「抽樣」——而非詢問每個人。

調查的原由

美國憲法詳載調查符合上述準則，每十年必須重做一次。在十年一次的人口普查中，統計數據由母體產生而不採用抽樣方法，資料假設由訪談每個人獲得。

十年一次的人口普查目的，爲獲得正確總人口數，以確保適當的眾議員人數。然而，人口普查已成爲資訊的主要來源而有多種用途。除了計算人口數目，蒐集的統計數據尚包括：受調查人口的種族、年齡、家庭成員、教育狀況、擁有房屋狀況……等等。

這些十年一次的人口普查，其統計數據顯示的意義，已經達到政府機關及研究者的需求。但僅包含部分有關人口的資料；由於每十年才調查一次，因此價值有限。爲彌

補統計數據資料的不足，美國在三〇年代，流行一些經過特殊設計的調查方法。

大多數人，對下列三種調查方式都很熟悉，即報紙、雜誌的輿論投書、選舉候選人的民意調查、顧客滿意度之市場調查等所運用的檢驗方法。這些調查研究，主要是為了取得大眾的看法。此外，要得知某些人的行為、狀況，則必須透過抽樣詢問後，才能得到結果。調查方法也經常使用在公共政策的制度上。以下是一些應用實例。

1. 勞工統計局（the Bureau of Labor Statistics）所定期發布的失業率，及其他有關就業的統計數據，都是根據人口普查局（the Bureau of the Census）所做的調查結果。
2. 另一項經調查所提供的統計數據，即收入與花費支出情況。消費支出的型態和人們對消費所產生的期望已經證明是預測經濟發展趨勢的重要參數。
3. 人口普查局在五〇年代晚期做了一項有關大眾健康服務的全國性調查，調查中蒐集了受訪者的健康狀況、醫療服務的使用和影響受訪者發生疾病的生活習慣。
4. 關於犯罪事件的資料，主要來自於警察局的檔案記錄。然而，只有在報案後，才會作成檔案歸檔。對大部分造成傷害的犯罪事件來說，調查通常能提供較可信的犯罪發生率及案發過程的資料。在 1970 年的全國性調查中，則提供了這些犯罪的統計數據。此外，透過調查也可以了解人們對犯罪案件的關心和恐懼程度。
5. 美國農業部應用調查方法調查農夫耕種的品種，並預估

各種農產品的收穫狀況。

調查研究應用的範圍十分廣泛，比方說：心理衛生狀態，運輸需求與運具使用模式，政治行為，住屋特色、家庭所需及其支出，工作滿意程度等等。美國最大的資料蒐集中心，莫過於聯邦政府了，尤其是人口普查局和農業部。然而美國及世界各地，到處都有大學、營利與非營利的調查組織。

為解決問題而特地進行的資料調查，其實花費不貲。進行調查前，應先確定是否有可能取得現存的相關檔案、資料。儘管一般人認為，進行調查之前，應先了解母體；然而，進行全面性抽樣調查前，應確定無法由在其他管道獲得相關資料。即使是採取這般保守的方法，通常只有透過具有特殊目的的調查。除了資料無法從別處獲得的情況外，另外，才能提供研究者有關被研究母體的種種資訊。有其他三種調查特質，使調查資料較具可信度：

1. 機率抽樣（probability sampling）：可使調查者對樣本的不偏性及評估資料的準確具有信心。資料來自適當的樣本，其資料品質要比樣本來自參與集會者，自願回答或剛好有空做民意調查來得可靠。

2. 在統一的格式中，可確保標準量度受訪者，所提供的資料是可比較的。一旦缺乏此種量度，分析其統計分配或相關模式都不具任何意義。

3. 特殊目的的調查或許是唯一的方法以保證可獲得所需資

料,而資料之間具關聯性。即使是一組事件的相關資訊,也很可能無法吻合分析的其他特性。例如,醫院檔案中總是缺少收入的資料。因此,為了研究病人收入狀況與住院經驗的關係,就必須調查兩者的資料。

從人們的傳言、印象或記錄中,都可找到某個主題的資料;而現有的資料總是不完整。除了資訊評估(the assessment of information)的需要外,決定調查與否,端視是否有人力執行。因此,除非有充分的人力及具有專業知識或是經費充裕,否則,調查結果多半不如預期理想。下面所要談的主題則是:好的調查需具備那些條件?

調查的構成要素

社會調查,一如其他學問的調查,亦無法避免產生錯誤。調查過程會對資料蒐集可能獲得的結果產生重大的影響。

抽樣調查涉及三項不同的程序:即抽樣、設計問題、以及訪談。以上每一項方式在抽樣調查之外都被廣泛應用,但三個程序相結合對好的調查設計是相當重要的。

抽樣

人口普查（census）即從總人口中的個人取得資料。要使調查具有用途的重要發展過程，就是學習如何抽樣：從母體中選取一小部分當作樣本，而且樣本代表整個母體。好的抽樣過程，就在於如何讓全部（或幾近於全部）的母體組成份子具有相同（或已知的）的機會成為樣本，而且以機率方法選取樣本。早期的調查及民意測驗，抽樣時多依賴取樣方便的樣本或是樣本名單，名單中卻排除重要部分的母體。這樣一來，不免失其可信度。

農業部曾發展出完整的機率抽樣。抽樣方法，根據樣本設計中的農地區域預測農作物收穫所發展出來的。二次大戰期間，一些社會學者在農業部研究戰爭對農業的影響。從此，區域機率抽樣法（area probability sampling）就成了社會調查中，從母體抽樣的重要方法。1987 在美國，Converse 敘述調查方法的演進。

自 1950 年起，抽樣策略已大大不同。最大的進步，便是隨機抽樣撥號調查（random-digit dialing）。不過，完善的抽樣原理，已發展了很長一段時間。

問題設計

在調查過程中，另一項重要工作，就是運用所提的問題作為測量工作。在初步調查中，特別是新聞從業人員對於所提的問題皆未經過精心設計。但是，讓回答者填寫問

題時，若遣詞用字不夠明確，回收的答案很明顯的會有不同的反應。因此，研究人員在二十世紀初，便已開始設定標準化的問題，以量測主觀性的現象。同樣地，美國農業部研究人員在 1940 年代，便著力於運用標準化的問題，以獲得客觀的事實、訊息。Payne 在 1951 年曾出版一本重要著作，提供研究者實用指南，擬定明確的問題，以利作答。Likert（1932）的主要貢獻在於提出量測心理問題的量度（scaling）標準，結合了社會調查研究所需的要求。雖然，自 Likert 早期為測量特定事件、現象發展出的問題題組以來，標準化的問題設計原理已有顯著進展，但從 1950 年初至今，並無多大改變。這議題將在第 5 章繼續討論；近十年來，已發展出更好的調查問題評估方法。

訪談

並非所有的調查都採用訪談（interview）（有的調查則讓受訪者自己回答問卷），不過，經訪談後將答案記錄下來的方法是很普遍。當訪談人員（interviewer）進行調查時，必須注意不可影響回答者（respondent）的答案，盡可能準確記錄其回答。

要使所有訪談人員更趨一致，首先要給他們標準化的問題。接下來要訓練訪談人員如何進行調查，以避免得到不客觀的答案（Friedman, 1942）。除了提問題的方法外，Hyman、Feldman、Stember（1954）出版一系列研究考證方法，訪談人員透過這些方法，可以影響作答的結果。亦即

需要更進一步訓練這些訪談人員，在答案不夠完整時，如何繼續訪談，以及在訪談過程中，保持客觀而不偏頗。Cannell、Oksenberg、Converse（1977）改進訪談過程，藉由非結構性討論，以特別編寫的介紹和提供訪談人員訪談受訪者的內文。

　　儘管訪談技巧日新月異；然而，自 1950 年代以來，如何使訪談達到標準化，並減少訪談人員造成受訪者的回答偏差，並未改善很多。近來的主要工作便朝有步驟的培訓、管理方面努力，以改進訪談人員的執行成果。

整體調查設計

　　因此，在很多方面，美國於 1950 年代初期，就已開始發展執行優良研究調查的原理。但是，很重要的一點，當時並未建立許多社會調查可供運用的原則。在 Bailar 及 Lanphier（1978）、Turner 及 Martin（1984）蒐集的調查資料上都可看出端倪。

　　有許多變數會影響調查品質，例如不準確的統計數據就是。而缺乏資金、足夠的人手、以及有系統的研究方法等，都會造成不完整的結果。除此之外，像是機率抽樣、問卷問題的用字等，也都是爭議的議題（Converse, 1987; Groves, 1989; Suchman & Jordan, 1990; Turner & Martin, 1984）。但在調查研究的設計中，卻有項缺失，亦即研究人員在執行整個調查過程中，未能顧及前述的三大要素；有時，研究人員過於專注其中一項，而忽略了其他的。本

書則著重於整體調查設計（total survey design）。

　　每個調查中，許多的決定都可能會提升或降低評估的準確度。一般說來，要得到較「佳」結果，必須要花費更多的成本、時間及擁有其他資源。因此，調查的設計便涉及一連串決定，及善用資源。最佳的設計必須將調查的整個過程納入通盤計畫。

　　關於抽樣，包括下列幾項要點：

1. 是否採用機率抽樣；
2. 機率（實際有機會被選擇做為樣本的人）；
3. 抽樣架構；
4. 選樣設計（選取樣本大小）；
5. 問卷回覆率（抽樣資料回覆率）。

　　關於問題設計，研究人員需決定前置資料的準備程度、是否需要設計問題的專家以利諮商、還有預估所需成本。至於訪談，研究人員能夠決定訓練及管理的形式和份量。整個問題重點取決於資料蒐集的形式：不論是經由電話、信件、個別親自訪談（personal interview）、或是其他方法。這項決定，影響了調查的成本及資料蒐集的品質。

　　上述各項要素即構成所謂的整體調查設計。各個要素間相互影響；其一，資料品質和了解調查設計中易極易犯錯的要素（error-prone feature），兩者一樣重要。以往，研究人員僅致力於調查的一、兩項要素，像是樣本大小，或回收程度來評估資料的品質。不過，最近的研究則要求檢

驗上列的各項設計要素；若調查設計中有特別重大的缺陷，則所投注的心力便失去意義。舉例來說，如果受訪者無法精準地回答問題，則無法保證能減少抽樣誤差。同樣地，更常見到的情況，若抽樣設計不良、問卷回覆率太低以致抽樣不具代表性、或訪談人員的管理、訓練不良，也都可能無法提升答題的可信度。

對研究調查的設計人員及使用者來說，整體調查設計的方法是指當評估調查的品質和特定資料的可信度時，必須通盤地詢問問題，而非僅詢問某一部分而已。

本書的主旨與方針

本書討論有關設計調查研究計畫的主要決定、研究人員的可能選擇照錯誤多寡及調查推估的可信度的各項方案所具有潛在意義。要由研究人員不斷地探討現實狀況、所遭遇的難題，以及相關理論及方法，才能構成完善的調查計畫。許多資料蒐集過程中發生的問題，並非是缺乏通盤了解的緣故，而是由於細節執行不良。

本書概述幾種選擇，主題包括抽樣、問卷設計、訪談研究等。想要實際進行調查研究的人士，應會想要再深入研究。此外，閱讀這本書（甚或其他書籍），是無法取代在調查設計及執行方面，由擁有豐富方法論學術涵養及經驗的專家所給予的訓練。然而，本書的重點在於討論資料

蒐集的錯誤來源與方法論。

　　對許多人而言，本書仍十分具有可讀性。當然，社會學家習慣在工作上應用資料蒐集的方法，早已對錯誤來源有足夠的認識。同樣地，要了解由調查所獲得的統計數據的人士，也需明瞭資料蒐集的過程。本書列出急需回答的問題；此外，也提供購買或委託調查的人士有關的概念。總之，希望讓調查研究的設計者及使用者，閱讀本書之後能有概括性的了解；同時，也讓蒐集資料的人員對調查研究的方法有初步的了解。

2

抽樣

　　樣本如何代表母體，取決於樣本的結構、樣本大小、篩選過程中的特定設計（the specific design of selection procedures）。假若採用機率抽樣，即可估計準確程度。本章說明不同抽樣方法，對估計的代表性及準確性的影響。二種最常用的抽樣方法：機率及隨機撥號抽樣，本章將進一步說明。

　　蒐集資訊，有時未必是要獲得母體的統計數字。就好比記者、產品研發人員、政治領袖等等，可能只想知道人們本身的感受，統計數據大小並不重要。而研究人員的確也做到測量人們的看法、意見，或是類似的變數的研究。為達此目的，方便參與調查的人士（如朋友、同事）或自願者（如受訪調查問題的雜誌讀者、打電話進談話性節目

的觀眾、聽眾）均對調查有所幫助。蒐集資訊並非一定需要採用嚴格的機率抽樣法：但是進行調查多半就是為了獲得母體的數據資料。本章將介紹，社會學家用來取得正確抽樣數據的統計技巧。

　　估計樣本並非由其結果——樣本的特性決定——而是由檢驗抽樣的過程決定。抽樣有三大關鍵：

1. 樣本結構（sample frame），是指在抽樣方法選定後，所得到一組有機會受選成為樣本的人員。就統計而言，抽樣僅指樣本結構中所代表的母體。調查設計的問題是研究人員如何描述樣本結構與母體的對應關係。
2. 機率抽樣過程是用來設計組成樣本中的個體（individual units）。在抽樣過程中，每個人都有相等的獲選機率。若是因研究人員的個別差異，或答題者的能力與才藝，而影響抽樣的公平性時，則無法估計樣本代表的適用結果；通常，用來計算樣本信賴區間的方法並不適用。
3. 樣本設計的細節——樣本大小及取樣的特定過程——會直接影響樣本估計的準確性，亦即樣本是否接近母體特質之程度。

　　這些抽樣過程的細節以及回覆率，可用來估計調查的樣本。回覆率將在第 3 章討論，包括比例抽樣，以及機率抽樣修正。本章中，將探討樣本結構及採用機率抽樣的步驟，介紹最常見的抽樣方法。有興趣的讀者可在 Kish（1965），Sudman（1976），Kalton（1983），Groves（1989）

及 Henry（1990）的書中，找到更多的資訊。打算進行調查的研究人員，多數都有抽樣統計專家相助。而本章的目的是希望讓讀者在估計樣本時，熟悉可能所遇到的問題。

樣本的結構

抽樣過程中，可能讓某些人有機會成為樣本，但同時也排除了其他人。估計樣本品質的第一步即是替抽樣計畫（sampling schemes）下定義。樣本的結構可分為下列三個層級：

1. 樣本是由待研究的母體中，依所列的名單來選擇。
2. 樣本是指一組人，由於到了某地、或做了某事，而被選為樣本（如接受外科治療的病人、參加會議的人士）。在這些例子中，並未先列出抽樣的名單；名單產生和抽樣程序是同時進行的。
3. 抽樣有兩個或兩個以上的階段，在第一階段時先抽選一些人，這些人並非最後所選定的，這些人經過進一步篩選，最後，才產生最終的樣本。在這樣的抽樣計畫中，最常見的就是選取家戶單位（housing units）。在不知住戶為誰的情況下，首先，就是挑選出住在這些家戶單位中的居住者做為樣本。這種多重步驟（multistage）過程稍後會詳細敘述。

研究人員應估計樣本結構的三大特質：

1. **涵蓋性**（comprehensiveness）：樣本只能代表樣本結構的一部分，也就是，在母體中人人有機會成為樣本。大部分的抽樣方法都會遺漏部分可研究的母體；例如，以住家為主的抽樣方法，往往會略去集居的族群：好比住宿的人、受監禁的犯人、待在療養院的人，還有無殼蝸牛等。一般的抽樣名單包括：有駕照的、登記有投票權的人、擁有房屋的人，但都具有排他性。雖然這已包含了大部分的母體，但仍忽略部分具有特色的族群。就像公用電話簿裡就不包括沒裝電話、要求不要刊登電話、以及在電話簿出刊後才申請電話的人。美國中部某些城市裡，甚至有 50%的家庭沒有登錄在電話簿中；若由電話簿抽樣，則只能代表 50%的母體。

   估計任何抽樣計畫，很重要的就是決定母體被選出的百分比，以及被排除於母體外的獨特程度。通常研究人員可以決定，是要花較少的經費、以較容易的方法來抽樣，卻會遺漏部分母體；抑或花更多經費，可是能確保樣本涵蓋範圍較廣。研究人員雖然可以自某份名單來抽樣，但要特別注意組成細節，估計如何加入或刪去名單成員，留意名單以外可能的電話號碼與其特性。

2. **抽樣機率**（probability of selection）：是否有可能計算每個人被挑選的機率？像是，在病歷超過一年的病人

中，就醫次數非常多的病患，就比只看過一次的人，有較大的機會。樣本結構中的成員，未必在抽樣計畫中擁有相同的獲選機會；像在上述的例子中，只看過一次醫生的病患，機會就較小。因此，研究人員必須算出每個成員被挑選的機率，可以在檢驗抽樣名單時，同時進行抽樣。也有可能在蒐集資料時一併算出機率。

在上述的例子中，選取病人為樣本是以就醫次數來決定如果研究人員詢問所挑選出的病患其一年就醫的次數，應該可能調整資料，在分析時考慮抽樣機率。若無法得知抽樣機率，也不可能估計樣本統計量與母體統計量之間的關係。

3. 效益（efficiency）：有時，抽樣結構的內容還包含研究人員不需要的份子。假設在蒐集資料時就可決定適合的人選，即使涵蓋範圍太廣也無所謂。所以，想要選取家戶成員中的老年人為樣本，可以列出經挑選的家族，是否住有老年人，再排除沒有老年人的家庭。隨機撥號電話號碼（很多號碼並不使用），也可電話選出家戶份子。在設計中，唯一的問題就是成本效益。

由於抽樣受限於樣本結構，因此呈現結果時，研究者必須告訴讀者，樣本是如何選出來的，而未獲選者與被選者的差異何在。

選取單階段樣本

當研究人員決定樣本結構或抽取樣本的方法時，下個問題就是如何選取樣本。以下將討論如何選取樣本。

簡單隨機抽樣

簡單隨機抽樣法（simple random sampling），可說是母體抽樣的原型。計算樣本統計量的基本方法便是採簡單隨機抽樣。簡單隨機抽樣與從帽中抽樣方式，十分類似：每回自母體選出一人，每個人各自獨立，無法彼此替代。一旦被選出後，就不能再重複被選。

實際上，應用簡單隨機抽樣，需將母體編號。為了簡單起見，每個人只能編一個號碼。假設名單上有八千五百人，而目標是選出一百人，則整個程序就很直接，由一號編到八千五百號。然後，可採用電腦、亂數表、或產生亂數的儀器來選這一百人。這些在八千五百人中抽出對應至所選一百個號碼的成員，就是經簡單隨機抽樣法所抽選出來的。

系統性抽樣法

雖然簡單隨機抽樣法易於了解，實際上卻很少使用。除非名單很短，且事先已將所有單位編號、或用電腦處理

過，便於編號，否則要進行簡單隨機抽樣法，實在工程浩大。多半可採用另一個方法，即系統性抽樣法（systematic sampling），其準確度和簡單隨機抽樣法相同，但卻容易操作多了。此外，經過系統性抽樣後，層級化就更易完成。

　　進行系統性抽樣法時，研究人員初步先決定登錄的號碼，以及選取成員的號碼，將後者除以前者即產生分數。因此，若名單上有八千五百人，而所需的樣本為一百個，則名單上的 1/85（也就是每八十五個人中，就有一個）被選為樣本。為了選出系統性的樣本，必須在 1 到 85 間隨機選個數字以決定一起始點；此一隨機起點，則用來確保選取過程靠的是機會。有了這個起始點，研究人員就可以自名單上，每八十五個人取一人。

　　以隨機起點所做的系統性抽樣法，若名單是以某種特性排列，或一再重複某個模式，大多數的統計書籍都表示，這會影響抽樣的結果。舉一個較為極端的例子，如在配偶俱樂部的成員名單，若永遠以男性為起始，則所選出的樣本，可能會偏向其中某一性別。在檢驗某一可能的樣本結構時，由隨機起點所可能產生的系統性結果，是否與其他方法的結果不同，進而影響調查結果，這點非常重要。實際上大部分的名單、樣本結構並未明列系統性抽樣法的問題；如需列出，可採名單記錄，或調整取樣間的差距，即可設計出能使用的系統性抽樣法，至少功能可同於簡單隨機抽樣法。

層級化抽樣

進行簡單隨機抽樣法時，每次選取的結果各自獨立，互不影響。樣本的特性，會跟隨機抽取出來的結果，有些不同。通常，蒐集資料前，對母體個別成員的資料所知不多。不過，往往在抽樣時，至少已經可確認母體的某些特性。因此，在抽樣過程中，減少一般抽樣的變化所產生的樣本要比簡單隨機抽樣，更能反映母體特性，這個過程就是層級化抽樣（stratified samples）。

舉例來說，若有份大學生的名單，在名單中各班學生依照字母順序混和排列。假設所列出的某個學生歸屬於某一班，則名單可能可以依照學生的年級重新排列，像是大一新生在前、大二學生其次、然後大三、最後大四。假設抽樣設計需要每十個學生取一人，在重新編排後的名單中，明確挑選出 1/10 的大一學生、1/10 的大二學生，如此這般。如果名單上仍使用字母排列，但卻採簡單隨機抽樣法或系統性抽樣法的方法抽樣，則大一新生部分的樣本，就容易受一般抽樣的變化影響，而與正常母體的特性不同。層級化的方法可進一步確保所取的各層級樣本，在母體中都以相等的比例存在。

假設我們想要估計學生的平均年齡。各班學生的組成絕大部分都與年齡相對應。雖然因為抽樣過程，會使估計產生出一些變化外，抽樣的代表也會限制樣本的年齡隨著母體有所不同。

大部分具有地域特性的樣本，根據一些區域變數予以

層級化以使其母體中以一定方式分布。全國性抽樣，通常是以國家不同的區域劃分，如城市、市郊及鄉村。層級化可以增加估計變數的精準性，特別是對層級劃分有關的變數。由於層級化在某個程度上容易達成，也不損害樣本估計的準確性（只要母體的各個層級於抽樣時，都有相等的機率）通常在設計抽樣時，經常使用層級化的方法。

不同機率的抽樣

要在母體的數個子群（subgroup）中，改變其選取率（the rate of selection）的第一步，可以考慮採用層級化方法。當抽樣機率在各層級恆常不變時，若有一群組佔母體 10%，則被挑選成為樣本的機率也佔 10%；若研究人員要在此子群中挑出一百個單位，而其在母體的比例為 10%，則採用簡單隨機抽樣法，就需要一千個總樣本。此外，如果研究人員決定讓樣本大小為一百五十時，就需另外增加五百次訪談，總樣本才能達到一千五百個。

像這樣增加樣本的方式，有時並不符合成本效益。在下面的例子裡，研究人員則對其他對其他樣本大小滿意，為了增加五十個必要的訪談，須額外進行四百五十次不必要的訪談。因此，適當的設計是挑選某個在母體中佔較多比例的群組。

舉例來說，如果研究人員要比較黑人學生與白人學生的差異，而在某所學院中，其黑人學生僅佔 10% 的情況下，必須有一百位黑人成為受訪者；因此有五百位受訪者的情

形下，黑人學生為五十人。若事先可確定那些黑人學生，則其選擇率可為其他膚色學生的二倍。但與其為多增五十位黑人而另加添五百次訪談，不如在原先的五百次訪談外，另增確定的五十次訪談，使黑人學生受訪總數為一百名。所以，比較黑、白人學生時，便確定有一百名黑人以及另外的四百五十名白人學生。樣本在合併結果時，黑人學生的加權數要減一半，才能表示他們的挑選率為其他的兩倍。

	白人	黑人
在母體中的人數	4,500	500
在母體中佔的比例	90	10
抽樣比例	1/10	1/5
抽樣的數量	450	100
樣本中未加權的比率	81.8	18.2
加權方法（以調整其機率）	1	1/2
在樣本中所佔的加權數目	450	50
樣本中的加權比率	90	10

　　即使抽樣時，無法事先確認群體內的成員，前述的基本方法，有時仍可運用。像是在正式訪談前，很少事先確認受訪家庭的種族。但是，黑人家庭往往比其他種族喜歡集居；所以，研究人員就可以先選出某些黑人多的地區，以增加黑人的受訪者。同樣地，若獲選率較高時，就必須加權，才能由樣本中產生正確的母體統計量。

　　第三個方法就是，與可能參與訪談的受訪者接觸後，調整挑選的機率。回到上述學生的例子中，若無法事先確定學生的種族，研究人員可以先選出一千名學生，並由訪

談人員確定其種族之後，再加入一百名黑人學生及四百五十名白人學生，完成完整的訪談；結果會和上表完全相同。

當採用不同機率來取樣時，必須注意如在某個變數較多的情況下，多挑選些樣本，或許可使結果較為準確。Groves（1989）對此有詳細的描述，並提出如何估計其效率。

多階段抽樣法

概論

如果由母體無法產生樣本名單，或無法直接由母體獲得，則可考慮多階段抽樣法。

缺乏直接的抽樣來源時，便須採用與母體中某些成員相關聯的方法；這些族群為抽樣的第一階段。從挑選出來的族群中來列名單，再進一步由此名單，作第二階段抽樣。以下的例子運用多階段抽樣法，我們介紹三個無法取得樣本名單的常見例子。

三個常見例子

- 由校園挑選學生

  如果要從某城市的公立學校，挑抽樣本，會發現並沒

有完整的名單。但可從樣本結構，包括所有學生母體中選取，亦即該城市所有公立學校的名單。因為，個體在母體中，只有唯一一個；因此，挑選學生樣本時可以採用兩階段抽樣法：先選出學校，然後由那些學校再挑出所需的學生。假設有：

二萬個學生
四十所學校
樣本數=2,000=所有學生的 1/10

　　下面列出四種抽樣設計及方法。每一種都可產生二千名學生的機率樣本。

		第一階段 的機率	×	第二階段 的機率	=	總機率
A.	挑出所有學校、列出所有學生、由每所學校挑出 1/10 的學生	1/1	×	1/10	=	1/10
B.	挑出 1/2 的學校，再從其中挑選 1/5 的學生	1/2	×	1/5	=	1/10
C.	選出 1/5 的學校，再從其中挑出 1/2 的學生	1/5	×	1/2	=	1/10
D.	選出 1/10 的學校，再蒐集所有學生的資料	1/10	×	1/1	=	1/10

　　上述四種方法都能選出二千名學生；且城市中的每個學生都有均等（每十個取一個）的機會。圖表從上到下的

差異在於花費越來越低廉，也就是說，列出較少的學校時，所需拜訪的學校也較少；但同時，必須從每間學校取樣更多的學生，則結果也越不準確。其效果以及其他多階段抽樣法的樣本估計的準確度，會在本章後面的段落詳述。

·　區域機率抽樣法

　　區域機率抽樣法，由於適用範圍廣泛，因此在多階段抽樣法中，最常受歡迎。只要能以地區劃分的母體，就能夠抽樣；比方說，住在鄰近地區、某個城市、或是國家內的人。原則上，可將總目標區域劃分為有明確界線的次級區域，由這些次級區域挑抽樣本，如此一來，即可由獲挑選的次級區域裡，明列其中的家戶單位。最後，可在那些抽樣出來的家戶單位中，列出居住者來挑選。

　　這個方法可用於叢林、沙漠、人口稀少的郊區、或是居於都市中心的鬧區。在這些地區中抽樣的細節，或許十分複雜；但基本原則可以都市人口中抽樣的例子來解釋；意即利用市區內的街區（blocks），作為第一階段中抽樣的初級次區域（primary subareas）。假設的資料如下：

　　某個有四百個街區的城市
　　共有二萬個家戶單位分布於這些街區中
　　欲取樣數目=二千個家戶單位=所有家戶單位的 1/10

　　有了上面的資料，想要挑選家戶成員，即可採用前述選取學生的類似方法。抽樣初步階段，先選街區；其次，

列出其中的家戶單位，並由名單中抽樣。選取家戶單位的
兩種方法如下：

	第一階段的機率抽樣	×	第二階段的機率抽樣	=	總機率
A.	1/5	×	1/2	=	1/10
B.	1/10	×	1/1	=	1/10

　　和學校的例子一樣，在第一個方法中挑選的街區較多，
花費也較第二個來得貴；但相對在一定的規模下，樣本估
計的結果卻較爲準確。

　　上述的樣本計畫，都未考慮第一階段內的單位、族群
（也就是街區、學校的規模大小）；規模較大的學校、街
區，和較小的比起來，獲選的機率相當。如果最後階段抽
樣的比例固定，則較大的學校或街區就需舉行更多的訪談，
而樣本的規模（群集大小，cluster sizes）到了最後階段也
會不同。

　　若有第一階段單位大小的資料，將十分有助益。假設
在抽樣最後階段，各群集選取的單位數量相同，則特定規
模下的樣本設計，通常能提供精準的估計結果。這類設計
還有其他優點，像是抽樣誤差比較容易計算，樣本總規模
容易預測。在第一階段中，選取單位時應比照其規模大小，
才能產生同樣大小的群集。

　　在下面的例子中，介紹讀者在選取家戶單位其區域機
率抽樣法第一階段中，如何按照規模大小比例來選取街區；
這同樣也可用於上述的學校樣本，將街區置換爲學校。

1. 決定抽樣的最後階段，要選取多少單位——群集的平均規模大小（the average cluster size），假設我們選十個單位。

2. 估計第一階段單位（街區，block）中的家戶單位數量。

3. 將地理上相鄰或規模相近的街區，按照順序排列。一如前述，這種方法可以有效地達到抽樣等級化，以改善樣本結果。

4. 將所有街區估計的家戶單位累進，就會產生類似下表的結果。

街區數	估計的家戶單位	累進的家戶單位	對應數目「Hits」（Interval = 100HUs）
1	43	43	—
2	87	130	70
3	99	229	170
4	27	256	—
5	15	271	270

5. 決定群集間的間隔數。假設我們選街區時，大概需要一個群集中有十個家戶單位；而每十個單位中就選出一個，就得在群集間取得爲數 100 的間隔數。換言之，與其採用每十間房子就取一間的間隔數，不如採用每一百間取十間的方法；這樣的比率並未改變，而這模式稱爲「群集化」（clustered）。

6. 首先在間隔數 1 到 100 中，任選一個數目作爲起始點，有系統地累進計算，在抽樣的第一階段，選取原始單位

（或街區）來對應（hit）。上例中，隨機起點（70）即錯過第一街區（雖然，100 中 43 的兩倍就是「對應數目」）第七十號家戶單位恰巧在第二街區，第一百七十號家戶單位在第三街區，第二百七十號家戶單位則座落於第五街區。

　　如此，就可由獲選的街區（2，3，5），來列出家戶單位，通常即是派員訪談這些街區。接下來，則是從列出的名單中挑出家戶單位。如果確定街區規模大小無誤，我們可直接於每個街區選取十個單位，不管是用簡單隨機或是系統性抽樣法都可以。系統性抽樣通常是較好的方法，因為所選的單位，可以平均分布於街區中。

　　估計第一階段單位，像是街區時，多少有些錯誤，這是很平常的事。我們可以校正錯誤以從挑選街區計算家戶比率：

街區內所估計的家戶單位

$$\text{由街區挑選家戶單位的比率} = \frac{\text{平均群集規模大小}}{\text{街區內所估計的家戶單位}} = \overset{\text{（在第二街區）}}{\frac{10}{87}} = \frac{1}{8.7}$$

　　在範例中，我們從第二街區中每八點七間房屋就選一間，在第三街區中每九點九間選取一間，第五街區每一點五間挑選一間。若區街比預期來得大（比方說，因為新建房屋的緣故），則選的量要超過十間；若較預期來得小（像

是因為拆屋之故），就要選少於十間。假設，若剛好為預期的大小（好比第二街區恰有八十七間房屋），則我們就選十間（87÷8.7=10）。如此一來，在第一階段因估計街區大小而發生的錯誤，便可自動修正，還能讓所有街區單位都有相同的獲選機會。不論區街規模是估計而來，或是實際大小即此，每個家戶單位的獲選機會，都是每十個選一個。

區域機率抽樣法，可以用來選取以地區劃分的母體。雖然區域越大，步驟越為複雜，但基本精神卻不變。關鍵點如下：

1. 所有區域的選取機會必須相等。合計各區域結果，在相鄰區域間沒有重複，以確保獲選率相同。
2. 選取某街區的機率（或是其他地區）乘上從獲選街區挑選家戶的機率，所得到的數值在所有街區中應為定值。

但即使是謹慎的區域列單者（field lister）都很可能漏列了某些家戶單位；因此，在蒐集資料時，最好再確認一次是否有漏缺之處。

• **隨機撥號**
另一個挑選家戶單位的法子就是隨機撥號，可用來選取家戶內的成員。假設在上述例子中，使用六支交換機進行訪談，可涵蓋二萬個家戶單位，裝有電話的家戶單位，可在下列狀況中挑出 10%的可能樣本：

1. 六支交換機可以撥通六萬個可能的電話號碼（每支撥一萬個）。在這些號碼中挑六千個（即 10%），再從中隨機選出一千個，每支電話都有四位數的號碼。

2. 撥這六千個號碼。並非所有的號碼都屬於家用號碼，事實上，很多號碼都打不通、斷線、暫時無法接通、或是屬於辦公室用。因爲在這區域內所有可能能用的 10% 的電話號碼，都撥了，因此根據樣本號碼，區內的家用電話，約有10%都聯絡上。

　　這就是基本的隨機撥號方法，但它最不方便的地方，莫過於大量的無用電話。全國的電話號碼中，作爲家用的少於 25%；市區所佔比率爲 30%，郊區爲 10%。Waksberg（1978）發展出一套利用劃分族群的電話號碼。以三位數組成的區域號碼來區分組別，三位數轉接，並加上另兩位數組成。利用初始篩選（initial screening）過的號碼，在一百個號碼中撥一組隨機號碼（區碼爲 555-12-）就可找出住宅區號碼，這樣選中家戶單位的機率就可以提升至 60%以上。

　　公用電話簿所列的號碼也可替代初始篩選之用。不過，使用電話簿，就必須假設所有號碼的分布情況與實際有效的住宅區電話號碼相同。新近發展的區域，配給新的號碼組，但這可能使所列的號碼的代表性不足。也有組合名單與隨機撥號的方法可使用，以改善這些設計的效益。Lepkowski（1988）曾提出一套完善而易於了解的方法，簡介如何選取電話號碼來檢選家戶成員。

不過，隨機撥號抽樣法有兩大缺點；第一，會遺漏未裝電話的家戶單位。全國約有 5%的住戶未安裝電話；部分地區，尤其在都市中心或郊區，遺漏的比率更為嚴重。Thornberry 與 Massey（1988）曾對有沒有電話的差異，進行深入分析。其次，若在電話號碼未與區界相對應的地區，使用電話交換機來挑選，會產生問題。除非電話和研究區域完全相對應，否則訪談人員必須要受訪者者告知，是否住於研究區域內。受訪者若住於較小而無法明確界定的區域，如鄰近地區，則可能效果不彰。

就像其他的抽樣方法一樣，對調查而言，隨機撥號並非最好的方式。正反兩面的看法，將會於第 4 章進一步再詳盡討論。近二十年來，隨機撥號對調查研究貢獻良多。

選取受訪者（respondent selection）

區域機率抽樣法與隨機撥號，都能選出家戶單位。不過仍須知道應訪談那些家戶成員。

這最好由所蒐集到的資料來判定。有些研究，必須蒐集關於所有家戶成員的資料，假設問題容易的話，或許家中的成人都可受訪問題；但若為較專業的問題，研究人員或許會請家中知道最多的人來受訪。例如，在全國性的健康訪談調查，受訪者就必須由「最清楚家中成員健康狀況的人」擔任。

當然，也有些問題必須親自由本人受訪。幾乎所有的研究人員認為，沒有人能代表其他人述說自己的情感、意

見、學識。還有些行為或經驗（例如，人們的飲食習慣、購物狀況、所見所聞）通常只能由本人親自受訪。

當研究的變數須由個人受訪才能得到正確答案時，取樣時便需選取家戶中的特定成員。我們可訪談家戶每個合於取樣標準的人；但由於同質性的考量，同屋內的前一位受訪者可能影響下一位的作答，所以，常常是一個家戶單位僅選取一位代表。不過，碰巧有空受訪電話或開門的人，並不具機率性而可能造成抽樣上的偏差；訪談人員的決裁能力、受訪者的衡量判斷，有效程度等（與其工作地位、生活方法及年齡有關），都會影響獲選為受訪者。機率取樣的關鍵在於選取特定人士時，必須是隨機抽樣的方法。在家戶成員中，利用機率抽樣方法產生受訪者的過程，有三個步驟：

1. 確定家戶成員中，有多少人適合成為受訪者（例如，有多少成員 18 歲，或年紀更大）。
2. 將所有家戶成員合格者按順序編號（好比，按年齡大小排列）。
3. 產生受訪者的過程要能客觀。

Kish（1949）曾設計了一款選取受訪者的亂數表，至今仍為廣大使用。這系統最主要是，獲選家戶中的合格成員，都具一定獲選的機率（即不為 0），而不考量個人的能力，Groves 與 Lyberg（1988）評論幾種簡化受訪者過程的方法。

當選取某家戶只訪談一位受訪者時，最好使用抽樣差別率。中選的家戶中僅住一名成年人時，他（她）一定成為受訪者。相反地，若家戶中有三名成年人，則成為受訪者的機率即只有三分之一。當某一族群獲選比率和其他族群不同時，必須使用加權法，如此在樣本統計中不致有分配不均、過度代表的情況發生。本章前述的例子中，黑人學生獲選的比率為白人的兩倍，因此其回答的加權比重必須減為二分之一，才能與母體中的比例相當。自合格人數不同的家戶單位中挑選受訪者時，也是運用相同的方法。

若要調整挑選受訪者時帶來的影響，最簡單的方法，莫過於將每間家戶合格人數的受訪加權處理。因此，若家戶中有三位成年人，加權數即為三；若是兩名合格成人時，即為二；而一名時，加權數就是一。假設加權方法無誤，抽樣機率乘上加權數的結果，每個單位都應該一樣。

有些變數與家戶成人數量有極大關聯。例如已婚者的家戶內，就比未婚者容易住有兩名以上的成年人；所以，已婚者的計算方法就跟單身的不同。故資料未加權前，和婚姻有關的答案就可能不準確。

也有些變數與家戶內成人數無關，此時，加權數不會影響敘述性統計結果。若要得到敘述性統計（像是，平均數或分布狀態），都可以透過加權法來調整選取家戶單位或個人的變化率。此外，對大多數標準分析而言，敘述性統計量使用加權的方法較為容易。然而，根據加權過的資料來作統計測驗，可能會有困難。統計測驗中的估計項目與實際訪談次數，與其他樣本設計特質有關；並且，若某

項計畫進行的實測比實際要來得多些或少些，一旦使用加權法，可能反而破壞計算結果。所以當調查設計複雜時，統計測驗有時還不易做得妥當。

除此之外，加權方法對某些相關分析可能沒有必要（Groves, 1989）。這可解釋為何樣本統計學家，對完善調查資料的設計與分析十分重要。

樣本估計與抽樣誤差

上述抽樣方法，經常使用且能解釋各種主要的抽樣設計。機率抽樣法，即使未經研究人員或受訪者來衡量，最終仍可選出某組特定的家戶成員或個人。一般研究人員所使用的基本方法，就是簡單隨機與系統性的抽樣法；其不足處可由等級法、取樣分配率（unequal rates of selection）、及群集法來彌補。選擇抽樣方法時，必須考量實用性以及成本；還有樣本估計的準確度也在考量範圍內。採用機率抽樣法的主要原因在於，可使用不同的統計工具來估計樣本估計是否準確。在這個段落裡，將討論此類估計的計算方法和樣本設計特質的影響。

研究人員通常對個別樣本的特質不感興趣；蒐集樣本資料是為了了解整個母體之故。本章探討統計數據及設計，讓讀者對樣本特質能代表母體整體的程度具有信心。

日常生活中有許多事物都可用來解釋機率的理論，或

許最常接觸的就是擲銅板了。丟一枚正常的銅板十次，出來的結果，可能不會碰巧是正反各五次。有時結果可能是正面六次、或七次、甚至十次。事實上，擲十次的結果有很多種；若連續丟十次，記錄其結果，然後再丟十次，也記錄結果，如此反覆幾次後，就有分布的結果出現。如果這是枚正常的硬幣，丟十次的樣本中，五次正面的機會一定比其他次數來得少。分布圖中，五個正面及十個正面、零個反面的發生機率一定最小。

雖然，調查時有些錯誤導致偏差，有系統地產生錯誤統計量，不過，抽樣誤差是抽樣過程中的隨機結果（因此，並非有系統的造成偏差）。若採用機率來抽樣時，便可計算出有多少樣本估計量，是因抽樣而隨機變動的。

如果不限次數抽取樣本，則樣本估計的敘述性統計量（如：平均數）將會形成接近真實母體數的常態分布。樣本規模越大，越少變異數的情形，其估計結果越接近實際母體數值，也越爲準確。樣本有可能和總母體有所出入，這時，接近實際值的變化稱爲抽樣誤差（sampling error）。在正常機會下的抽樣變化，調查這些特質時，研究人員對樣本估計的信心是十分重要的。

抽樣設計（特別是是否牽涉等級化、群集化或抽樣分配），會影響一定規模大小的樣本與其估計抽樣誤差的結果。可是，呈現這些抽樣誤差時，一般採用估計簡單隨機樣本結果，然後再計算與其設計相異處的影響。因此，我們先提簡單隨機樣本的抽樣誤差計算方法。

計算簡單隨機樣本中的抽樣誤差

　　本書並非一部專為抽樣統計學而編寫的著作。雖然如此，我們能夠估計可能的某特定抽樣計畫中的誤差數量，在整個調查計畫過程中仍是非常重要的。此外，研究人員應該將與抽樣誤差有關的各項準則，提供給讀者了解；不論是對那些學識素養極高的讀者、或調查研究資料的使用者而言，這些準則都是他們所必須知道及了解的。為了達到這項目標，對於抽樣誤差如何估算而來，就成了了解整體性調查過程所不可或缺的一部分。

　　對於計算某樣本而得的統計數值，雖然都是採用相同邏輯，但是最常見的樣本調查估計值是屬於平均值或平均數（average）。我們所稱的（某個平均值的）「標準差」（standard error），常被用來描述抽樣誤差的統計數值；它是當選取許多特定規模大小的樣本之後，由樣本平均數之估計值所形成的分配標準離差（standard deviation）。當估計某個標準差的數值之後，我們就可以說：在某特定規模大小之樣本與計畫的平均值中，有 67%位於與實際母體平均值之正負一個標準差的範圍之內；在此類樣本中，有95%的位於正負兩個標準差的範圍之內。而後面的這個數字（亦即正負兩個標準差），通常就被稱為是一個樣本估計值的信賴區間。

　　估計一個平均值的標準差時，經由變異數（variance）以及該變異數樣本規模大小所計算而來：

$$\text{標準差}（SE）= \sqrt{\frac{\text{變異數}（Var）}{n}}$$

SE＝一個平均值的標準差；

Var＝變異數（由樣本平均數除以 n 的離差平方根之總和）；

n＝樣本大小。

計算某項樣本調查所得最常見的平均值種類，可能是一個比例（proportion）；也就是說，在樣本中具有某種特性、或是產生某回覆的百分比。若能證明某個比例為何會是一個兩項數值分配（two-value distribution）的平均值時，可能會相當有助益。

平均值（mean）與平均數（average）並無不同。它乃是將所有數值的總和、除以案例的數目之後計算而得，亦即：$\Sigma X/n$。現在，讓我們假設只有兩種數值-0（否）與 1（是）而已。而在一個樣本中共有五十個例子；當他們被問到是否已經結婚時，其中有二十個受訪「是」，而剩下的受訪則全為「否」。在這種情況下，亦即有二十個「是」及三十個「否」的答覆，計算平均值的方法便為：

$$\sum X = 20 \times 1 + 30 \times 0 = 20 \; ; \; \frac{\sum X}{n} = \frac{20}{50} = .40$$

而在一項比例中，例如 40%的受訪者已婚，只不過是

有關於一個 1/0 分配的平均值之敘述罷了；這個平均值
為.40。各種比例的標準差計算，可由下列的這項事實看出：
某個比例的變異數，可以利用 p×（1-p）輕易計算出來；
其中的 p=具有某種特性的比例（例如在上述例子中，有 40%
的受訪者已婚），而（1-p）便不具有這項特性的比例（例
如有 60%的受訪者未婚）。

　　先前已說明平均值的標準差之計算方式如下：

$$\sqrt{\frac{變異數（\text{Var}）}{n}}$$

因為 p×（1-p）乃是一個比例變異數，因此：

$$\sqrt{\frac{p（1-p）}{n}}$$

便是一個比例的標準差。前面所提到的例子中，於一
個五十人所組成的樣本中，有 40%已婚，因此這個估計值
的標準差如下：

$$\sqrt{\frac{p（1-p）}{n}} = \sqrt{\frac{.40\times.60}{50}} = \sqrt{\frac{.24}{50}} = .07$$

因此，我們便可以對於母體數值（亦即在母體中已經
結婚的比例）乃是介於 0.33 及 0.47 之間的機率，估計其為

0.67（也就是說，位於樣本平均值正負一個標準差的範圍之內）。至於母體數值則位於我們的樣本平均值正負兩個標準差的範圍之內，亦即介於 0.26 與 0.54（0.40±0.14）之間，我們具有 95% 的信心。

表 2.1 乃針對各種規模大小及比例不同的樣本，經由簡單隨機抽樣原則取樣時，其抽樣誤差的歸納表。該表中的每個數字，都代表某個比例的兩個標準差。能夠了解（或估算）某特定答案的樣本比例時，則該附表對於各種規模大小不同的樣本，均能提供高達 95% 的信賴區間。再拿前面所提的例子來說，亦即於五十位受訪者中所產生 40% 已婚之估計值的樣本，在該附表中的信賴區間為 0.14，這與我們所計算的結果一致。如果樣本大約為一百位受訪者，會產生 20% 已婚的估計值，則根據該表所示，對於實際為 20% ±8%（亦即 12% 至 28%）的這個數字，我們可以獲得 95% 的可信度。

表中有些方面不具任何價值。第一，我們可以發現，當樣本越大時、通常抽樣誤差也變小。第二，我們也可以發現，當固定數量的受訪者加入某個較小的樣本時，與加入另一相對較大的樣本中比較，前者的抽樣誤差其減低程度，勢必比後者大。舉例來說，將五十位受訪者加入一個總數為五十人的樣本中，其抽樣誤差降低相當多；但是，如果把這五十位受訪者加入另一個總數為五百人的樣本中時，樣本估計值的整體精確度所造成的改善就不是那麼明顯了。

第三，我們可以發覺，當比例為 0.5 左右時，抽樣誤差

的絕對大小會達到最大；而當某特性的樣本比例趨近於 0 或是 100%時，其抽樣誤差的絕對大小會開始遞減。標準差與變異數之間，存在直接的關聯。當比例值距離 0.5 越遠時，則變異數——p×（1-p）——就會越小。

第四，表 2.1 以及它所依據的各項方程式，可以適用於所有使用簡單隨機抽樣程序而選取的樣本之中。一般母體抽取的樣本中，大部分都不屬於簡單隨機樣本。在同樣的調查中，根據不同計畫及變數，會使某特定樣本的設計影響抽樣誤差的計算。對於一般的樣本而言，很容易發現表 2.1 低估其抽樣誤差。

最後，我們要特別強調：在表 2.1 中所敘述的變異性，係以反映於抽樣所導致的潛在誤差為訴求，而非反映某個母體與由個體所蒐集而得之資訊有關的潛在誤差。這些計算並未包括整個調查過程中其他方面的誤差估計值。

其他樣本設計特質對抽樣誤差的影響

前述的抽樣誤差計算方法，是指簡單隨機抽樣法。不同的抽樣方法會產生不同的抽樣誤差估計結果。若系統性抽樣沒有任何等級化處理，則其抽樣誤差會和簡單隨機抽樣相同。樣本等級化後，若獲選率在各層級間保持不變，則產生的樣本錯誤，相較於同樣規模的簡單隨機樣本在各層級中的變數，將會少些。

表 2.1　可歸因於抽樣的變異性之信賴範圍[*]

具有某種特性的樣本百分比

樣本大小

35	7	10	14	15	17
50	6	8	11	13	14
75	5	7	9	11	12
100	4	6	8	9	10
200	3	4	6	6	7
300	3	3	5	5	6
500	2	3	4	4	4
1,000	1	2	3	3	3
1,500	1	2	2	2	2

注意：某特性的樣本百分比及計算該百分比的樣本大小數量既定時，實際母體值會位於本表中所示正負（±）數字所界定之範圍內的機率，一百個之中有九十五個。

[*] 本表所示，可歸於抽樣變異性的信賴範圍。因未回覆或報告時所導致的誤差，在本表中均未有任何反映。此外，本表係以簡單隨機抽樣做為假設基礎。由於抽樣計畫，或是訪談者對答案所造成的影響等因素之各種估計值，可能與本表中所述者有更大變異；而階層化的做法，則可能使抽樣誤差比本表中所述者為低。

　　不均衡的分配率，是為了增加因為過度抽樣（oversampled）的樣本的精確估算而設計的。通常，除非，過度抽樣發生於比一般層級有較多離散情形中；否則，相較於同樣規模的簡單隨機樣本在各層級中的變數，抽樣分配率會讓整個樣本群，產生較高的抽樣誤差。比起同規模的機率樣本，前者的整體抽樣誤差要減少些。

　　比起同樣規模的簡單隨機樣本在各層級中的變數，群

集化所產生的抽樣誤差較高，在整體母體的群集之中，同質性（homogeneous）亦較大。並且在最後階段中群集規模越大，抽樣誤差的影響也越大。

　　抽樣過程的複雜點，是要估計準確度效用的程度。每個研究的情況不一，即使在同一調查中，變數亦不相同。舉例來說，假設在不同的遴選街區中，不管所有人是否居住其中，每間家戶的建築都相同。一旦在某一街區中，決定先拜訪獲選的家戶單位為一屋一戶（a single-family house），且所有家庭成員亦住於其中，則同街區中另增的訪談，便無法產生更多關於總母體的家戶所有率（the rate of home ownership），或是一屋一戶的比率。因此，不論研究人員在每街區進行一次訪談，或是二十次，估計這些變數的真實性都不改變；基本上，這與進行訪談的街區數成比例。舉另一個較為極端的例子來說，成年人的身高，與住於那個街區並無關聯。若在某街區群集中的訪談結果，與總母體有所出入，並不意味群集化會降低某一特定規模樣本的高度估計準確度。因此必須以群集或層級本質來判定並決定估計方法，以估計可能的群集化抽樣誤差（clustering on sampling errors）會產生何種影響。

　　通常樣本設計對抽樣誤差的影響是無法估算的。有時假設關於信賴區間（confidence interval）的研究為樣本隨機抽樣，亦即設計群集化。不同的變數，其樣本設計對抽樣錯誤的影響不同；而單其樣本設計和原先的樣本隨機抽樣有所出入時，如群集化、等級化等的計算方法會變得十分複雜。因為在調查方法裡，計算抽樣誤差的能力，十分重

要；因此，在繁複的樣本設計調查過程中，有統計師參與很重要，以確保估計抽樣誤差且呈報無誤。

最後，任何一項抽樣設計特質是否正確，須有整體調查目標，方能進行估計。群集化的設計或許可在抽樣（或列名單）、或是搜尋資料兩方面節省經費。除此之外，常常可以發現，群集化並不會使抽樣誤差變動太大。過度抽樣某一或某些族群，通常不符成本效益。一如本書所提到的，研究人員應該了解這些選擇所可能帶來的成本花費與好處，並估計其可行性以及調查研究的主要目的。

樣本規模應該多大

對研究調查方法論的學者來說，在樣本設計中最常見的問題就是，樣本規模應該多大。在受訪這個問題之前，或許應討論三個常見卻不正確的說法。

其中一個錯誤觀念就是，樣本是否足夠在於部分母體中的樣本（the fraction of the population included in that sample）──佔母體的 1%、5%、或其他比例，方能使樣本具公信力。前述的抽樣誤差，並未將部分母體中的樣本納入考量。而前面的等式、表 2.1 換算出的抽樣誤差，可以經由乘上（1-f）的值來減少，f=部分母體中的樣本。

若自某一母體中挑選出 10%，甚或更多的樣本時，會對抽樣誤差估計造成不小的影響。但事實上，母體中僅有

少部分成為調查樣本。所以，增加一點母體內的樣本，並不會影響研究人員歸納母體樣本的能力。

可是也須注意這個原則的負面影響。對某一特定規模的樣本來說，母體範圍大小，並不會影響樣本所能代表的母體特性。一百五十人所構成的樣本代表一萬五千人或是一百五十萬人的情況，若假設其樣本設計及抽樣過程等各方面都一樣，其準確性並不會變更。拿整體樣本規模與其他設計特質如群集化來相比，抽樣的部分母體對抽樣誤差的衝擊其實很小。因此不太需要去考量樣本規模。

第二個決定樣本規模的方法較易了解。有些人曾接觸過所謂的標準化調查研究（standard survey studies），從中知道「典型的」（typical）、或「正確的」（appropriate）樣本規模。所以，有人認為良好的全國調查樣本群（national survey samples）大體上有一千五百人，或像社區樣本是五百人。當然，也可看看其他研究人員所認為的特定母體中，應有所謂適切的樣本規模。不過，就像其他大多數的設計決定，每個案件情況都不相同，當研究人員要下樣本規模決定時，必須考慮每一個研究要達成的目標，以及設計等各方面的問題。

第三個決定樣本規模的誤差方法，有必要解釋清楚，因為大部分的統計學教科書，都可找到類似的說法。這個方法的內容大抵為：研究人員應決定可以接受誤差差距（margin of error）有多大，或是估計的準確度多少。一旦清楚準確度的重要性後，只要使用類似表 2.1 的表或是適當的變化，來計算樣本規模，就可以達到要求的準確度。

理論上，這個方法沒什麼錯誤；但實行起來，對研究人員並無實際助益。首先，很少人根據樣本規模決定來檢驗某項估計結果是否準確。大多數的調查研究，是為多項檢驗所設計的，這些檢驗的估計結果，有可能會有所變動。

除此之外，要研究人員確切訂出所需的準確程度，並不容易；只有在特殊情況下，才有可能事先訂出可以令人接受的誤差差距。即便如此，上述方法也只是顯示，估計錯誤的唯一或主要方法為抽樣誤差。通常，當抽樣調查所需的準確度確定後，就可忽略抽樣以外的來源有何錯誤。但因準確度的計算方法僅依據抽樣誤差，其結果不免太過簡化。即使取樣的資源固定後，擴大樣本規模，仍可能因回收率不高、問卷設計有瑕疵、或是資料蒐集的品質不良，而減少了原有的資源，使準確度降低。

樣本規模究竟應有多大，這和估計與樣本規模有關的抽樣誤差，關係極深；卻也很複雜。

要決定樣本規模大小，其前提在於分析計畫表（analysis plan）。而分析計畫表的關鍵，並非是估計整個樣本群的信賴區間，而是子群的外在形式，故需在各個估計結果中，綜合總母體中落於子群內的部分估計結果。通常在設計過程中，要能很快確定母體內較小的群組，以求得所需的統計數據。然後，研究人員再估計樣本需要多大，以便決定在這些小群組中，究竟應取樣多少。多半在決定樣本規模時，並不注重總母體的估計結果，反倒是最小子群的最小樣本規模應為多大，較為重要。

至此，取樣過程又須使用表 2.1 了，重點在於最少的連

續樣本規模（the low end of the sample size continuum），而不是最多的。五十份的觀測報告足夠嗎？若仔細研究表2.1，不難發現其準確度持續增加至一百五十到二百的樣本規模。超過那點之後，就會增加更多。

就像大多數和研究設計有關的決定一樣，很難說每個研究的樣本規模究竟應有多大。但有許多方法可增加研究估計的可信度，其中的方法之一就是擴大樣本規模。雖然可能無法僅用一個簡單的答案來說明，但有三個方法可以證明樣本規模並不足夠。要指明母體的那一部分會做為樣本，其實無法決定樣本規模。要說何種規模大小的樣本適合用來研究母體，並沒有確切答案。最後一點，以總母體的一個變數來計算信賴區間，是決定樣本規模大小的最好方法。

抽樣誤差為所有調查誤差之一

在下列三種情況中，抽樣過程會影響調查估計的品質：

1. 若樣本結構無法列入所需的人，那在估計樣本時，會因排除這些人的緣故，而使結果非常不公平。
2. 若取樣過程並非依據機率，則樣本之間會有問題產生。或許有人認為其他抽樣過程亦具可信度，但是除非在抽樣過程中，每個人都有公平的獲選機會，否則並沒有統

計量能說明此樣本是否能代表母體。

3. 樣本大小及設計、分布情形的估計結果，都會造成抽樣誤差——也就是，因為只蒐集母體中單一樣本的資料，而發生機率變動的情形。

　　人們通常認為，抽樣誤差就是調查估計來源中唯一不可靠的特質。事實上，大多數的樣本裡頭，還有很多錯誤的來源也很重要。本書主旨之一，便是指出未經抽樣的誤差（nonsampling errors），和抽樣誤差發生情況也是一樣的多。並且，有時也會看到，在簡單隨機抽樣過程中，若取樣設計包含群集，或根本不是機率抽樣的方法時，也會產生錯誤情形。這些方法，其實都會誤導讀者判斷樣本是否準確。

　　假設抽樣結構選用了完備的名單，運用簡單隨機或系統性抽樣法，或是受訪者的獲選率相當時，取樣及分析資料就非常簡單。如此一來，表 2.1 與其等式就能適切計算出抽樣誤差來。但即使是這樣簡單的設計，研究人員在判斷調查估計準確度時，仍須考慮所有的錯誤來源——包括樣本結構、未作答情形、受訪錯誤（這些都會在後面的章節中，為讀者詳述）。此外，一旦對抽樣的最佳方法產生疑問，或是結果與簡單隨機抽樣法有所出入時，就必須請抽樣專家再設計適當的抽樣計畫，分析複雜的樣本設計結果。

練習

　爲使讀者了解抽樣誤差的意義，可以從同一份名單（比方像公用電話簿）反覆抽取相同規模的系統性樣本（但須採用不同的隨機起點）。而樣本因某種特徵（像是商用名單）的比例就可排成落點分布。分布情形就像表 2.1 所用的一半樣本，形成標準變化。計算表 2.1 的幾項統計數據（就是各種樣本規模及比例），有助於了解統計數據的結果。

3

未作答情形：實行樣本設計

　　調查形成錯誤的主要來源，在於未能於所選的樣本中蒐集到高比率的回答資料。透過郵件、電話，以及個訪調查，聯絡回答者以獲得協助的方法，本章都會詳加討論。而針對未答情形造成的不便，所採用的方法，像是定額樣本（quota samples）以求得較高的問卷回覆率，都會加以解釋。

　　所謂母體樣本機率，即指母體（或至少是樣本結構）中個人均擁有相等的機會，可以讓研究人員蒐集相關資料。在抽樣過程中挑選出某組特定的個體（或是單位）；樣本資料的品質則根據被選人資料的比率來判定。蒐集資料的過程，和挑選代表母體樣本的抽樣過程，其實一樣重要。

　　當然，任何一項調查估計結果是否準確，跟回答問題

的人息息相關。不論是何項調查，總有人不回答所有的問題。雖然大體來說，沒有回答每個問題的情形並不多，但偶有很高的未做答機率，甚至影響估計結果。不過，本章的著重於完全不作答的問題。

獲選後卻未實際提供資訊的情況，大致可分為下列三方面：

1. 雖獲選，但蒐集資料時卻未聯絡上，以致沒有機會回答問題。
2. 被要求提供資料，卻拒絕回答者。
3. 被要求提供資料，卻未能達到要求的（好比，病重而無法受訪，不會說研究人員說的語言，或是由於閱讀及寫作技巧的限制，而無法自己獨力完成問卷。

研究人員決定採用的過程，對於實際提供資訊的樣本比率（即：問卷回覆率），還有，因未做答而使樣本資料產生不均衡的狀況，造成深遠的影響。相對於抽樣誤差（見第 2 章），未作答所可能產生的影響就是使樣本偏差，也就是使樣本與實際的母體發生系統性差異。本章即在探討未作答的情形對調查估計的影響，以及減少未作答情形所需進行的過程。

問卷回覆率的計算方法

在評估資料蒐集的結果時，問卷回覆率（response rate）就算是參數，將受訪（或回答）人數，除以獲選人（或單位）數。分母包括所有受研究母體中的被選人該作答卻未作答的，原因有：拒絕作答、語言溝通不良、生病或是能力不足。

有的樣本設計還包含「篩選」（screening）母體內的成員。不在研究母體範圍內的單位，就不列於問卷回覆率的計算之中；因此，空屋、停用的電話號碼、非住宅區的電話號碼、家戶成員中沒有合於所需的家戶成員（比方說，必須抽選老年人時，家戶單位中沒有老年人），都不列於問卷回覆率的計算中。若是必須從某些單位中取得資料來判定是否合格，但卻未得到時，則問卷回覆率就不準確了。這時，便須採用保守廣泛地假設未被選入的單位中有多少是合格的，以估計問卷回覆率。

問卷回覆率，通常是指獲選者的資料蒐集率。要計算進一步的資料，可以母體中代表樣本的部分。假設，樣本結構並未遺漏任何在研究母體中的份子，則問卷回覆率就是代表母體的樣本百分比。進行電話調查時，若只有 95%的人有電話，則代表母體最佳的的樣本百分比即為：0.95乘以問卷回覆率。

與未作答情形有關的不均現象

未作答對調查估計結果的影響，在於所佔的百分比以及偏差程度——亦即和母體發生系統性差異的現象。如果，大部分的獲選者都提供資料，那麼即使不作答的情況很特殊，樣本估計結果也不受影響。例如，人口普查局所進行的全國性健康訪談調查中，完成訪談獲選家戶而成功的比例為 95%；因此，即便是未作答的 5%情況特殊，樣本結果仍與實際母體，十分接近。

人口普查局的例子，完全是正面的結果。反面來看，有時在郵件調查過程中，只能收到 5%至 20%的回答樣本；此時，最後的樣本和原實際抽樣過程就沒有太大關聯，回答的情形也屬自願回報。所以，這樣的過程對母體而言，並不能提供可採信的數據資料。

大多數的調查研究結果，都介於上述兩極端例子之間。通常來說，鄉村地區的問卷回覆率會比市中心來得高些；並且，獲選的家戶單位中，若有成年人，蒐集資料也較容易。有些研究主題（如：健康）會比其他的（像是，經濟行為或輿論）還引人注目。此外，調查機構所投入的時間、金錢，也會影響問卷回覆率。

事實上，並沒有所謂可接受的最小問卷回覆率。聯邦政府的管理暨預算局（The Office of Management and Budget of the Federal Government）所進行的調查，都必須和政府簽訂合約，且通常要求問卷回覆率必須超過 75%。學術調查

機構常在家戶樣本中,選定 75%的成人。在市中心進行的調查,或利用隨機撥號抽樣方法的回答結果,比例上都較低。

　未做答的偏差情形,本質上因過程不同如郵件、電訪、個訪等,而有所差異。在郵件調查的情況中,未作答所形成的偏差,可以比較立刻回答的人,與經過一些後續步驟才回答者的差異。推論而言,受訪者若對郵件調查的主題或是研究本身很有興趣,則回覆問卷的機率,要高於那些不太感興趣的人。也就是說,低問卷回覆率的郵件調查之所以會形成偏差,多半和研究目的有重大關係(e.g., Donald, 1960; Filion, 1975; Heberlein & Baumgartner, 1978; Jobber, 1984)。

　1936 年文學摘要(Literary Digest)中所舉辦的總統選舉預測投票,經常被引用,可從中找到因低問卷回覆率而造成嚴重偏差的郵寄問卷例子;根據此次預測結果,Alf Landon 會贏得勝利,但實際上,卻是 Franklin Roosevelt(富蘭克林・羅斯福)於大選中贏得壓倒性勝利。本例中,所採用的調查方法為電訪,於 1936 年之際,共和黨(Landon 所屬的黨派)較有可能擁有電話設施;但此外,文學摘要在 1936 年時,是採用郵件調查方法。失敗的原因之一,即在於未作答的緣故,只有少部分人士回覆問卷。郵件調查中常見,希望敗北者獲勝,如 Landon 的支持者,便會非常想要表達其看法(Bryson, 1976; Converse, 1987)。

　還有,通常教育水準較高的人士,郵寄問卷結果的速度,會比受教水準低的人來得快。因此,郵件研究的變數

中，很可能和教育有關（也和收入水平有關），要避免偏差的估計結果，就須採取一些應對措施，以或獲得較高的問卷回覆率。

在電訪與個訪情形中，是否有空回答的影響顯然比郵件調查大得多。若蒐集資料的時間介於週一至週五的早上九點至下午五點，則有興趣且能夠回答的人就有限了。這是因為有空在家回答的人，很可能沒有工作，所以調查對象即侷限於家庭主婦、媽媽們、沒工作的人、還有退休人士等。所以自願者多半不太忙，社交生活也不繁忙。很可能是幼兒的父母親。若家庭成員多時，在家的人數，比起家戶單位僅有一、兩人的情況，較有可能有人在家。

另外，是否能聯絡上受訪者，也是造成未作答的原因之一。採用個訪的全國性調查中，在市中心進行的問卷回覆率要比郊區及鄉間低。主要有三大原因：首先，市中心找不到人的機率很大。其次，越來越多的市區住戶住於高樓大廈中，想要在這些大廈裡進行直接個訪，頗有困難。第三，市中心的住戶中，很多人不願意在夜間接受訪談，因此，也很難在他們在家時聯絡上。

由於越來越多人口住於市區，以及一些社會變遷（更多的單身者住在一間房中、越來越少家庭生育孩子、更多的婦女參與勞動生產），比起二十年前，訪談更難達到高問卷回覆率了。由於問卷回覆率下降之故，有些機構必須付出額外的成本與心力，以維持原來的問卷回覆率。Marquis（1978）及 Groves（1989）都曾提出全國性未作答的研究摘要。

證據顯示電訪可減少市區與鄉間的差異性回答情況，這是由於能夠涵蓋城市內的住戶，即使是住在保全嚴密的大廈或是單身的住戶，都有機會能聯絡上。另一方面，教育水準較低，以及 65 歲以上的受訪人，比較不願接受隨機撥號的訪談方法。Groves 與 Kahn（1979）、Cannell、Groves、Magilavy、Mathiowetz 與 Miller（1987）、Groves 與 Lyberg（1988），各曾提出電訪調查中，研究未作答的偏差問題。

最後，還有一個可能的因素，即有些人無法接受訪談或是填表。這些人通常在總人口中也佔有一席之地。估計健康醫療的使用或支出情形時，若是略去住院的人數不記，很可能遺漏了這項重要的因素。也有些鄰近地區或族群，因不會說英語而遭忽略。若訪談某一特殊族群時，未採用必須的步驟來蒐集資料，將樣本估計運用於受限較多的母體：母體實際有機會回答問題或提供資料。

表 3.1 試圖將問卷回覆率與未作答的偏差程度兩者結合，找出對資料的影響。例如，在表中，當母體某項特性的比率為 25%時，樣本的估計結果會依未作答的偏差程度而有所變動：有點偏差（當 20%或 30%的未作答者有此項特性），中度偏差（當 10%或 40%的有此特性），嚴重偏差（當 50%或 75%的的未作答者有此項特性）。

若未作答的情形並未造成偏差（亦即，當未作答者某種特性的比例為 25%），則問卷回覆率不會影響估計結果。但若其特性造成重大偏差，則即使問卷回覆率高達 70%，仍會產生錯誤。若偏差程度中等，而問卷回覆率不高時，估計結果仍不樂觀。

表3.1　未作答之偏差對調查估計的影響

問卷回覆率 (%)	未作答者而有某種特性的百分比						
	10	20	25	30	40	50	75
90	27	26	25	24	23	20	19
70	31	27	25	23	19	14	3
50	40	30	25	20	10		
30	60	37	25	13			

注意：表中的數據是當實際母體比率為25%時，由樣本計算而來，在那些有不同的問卷回覆率，及未作答而造成的偏差。

比較未作答的偏差影響，像是表 3.1 的數據，和前章（參考表 2.1）敘述的抽樣誤差，對研究很有益處。通常未作答的偏差情形不易測出，但結果不太可能完全不偏差。因此，在所有的調查過程中，應努力讓問卷回覆率達到合理的程度，避免作不作答之間產生系統性的差異。

減少電訪或個訪調查的未作答情形

有人認為規模較大的樣本，較為可靠；同樣也有人表示問卷回覆率較高，會比有未作答產生的樣本更好，更為公正。就如研究人員決定採取何種設計方法一樣，也須決定投入多少心力、金錢、時間，來減少未作答的情況。

為使電訪及個訪達到高問卷回覆率，在此必須提出兩點。即必須聯絡上獲選者，取得其協助。為減少因無法聯

絡而產生的未作答情形，方法如下：

1. 盡量撥電話，並把聯絡時間集中於夜間以及週末。要打多少通，取決於受訪地點。通常在市區每戶至少需打六通。在電話研究的情況裡，撥越多電話越便宜，所以，機構多半以十通為最小單位。
2. 要求訪談人員的工作時間表要有彈性，以受訪者方便為先。

　為取得受訪者的協助：

1. 可以的話，寄份信函說明，確定回答者的態度，而訪談人員也會更有信心。
2. 正確有效地告知研究計畫的目的，讓回答者了解能獲得其協助，非常重要。
3. 確定回答者不會因為資料的內容及運用的方法，而感到恐懼。
4. 雇用工作效率高的訪談人員。必須讓他們明瞭問卷回覆率高低的重要性。一旦知道問卷回覆率時，應能很快決定是否繼續雇用效率不高的訪談人員。

　訪談人員面對不願作答的回答者，要維持恆心且負責，其實不容易。參加調查活動的受訪者，都是出於自願；不過，不願作答，通常都是因為不重視。Groves（1989）曾詳盡分析回答者不願受訪的理由。

回答者在拒絕回答以前，應先明瞭調查的目的。大多數的調查為獲得良好的結果，往往要都設定目標。當回答者拒絕時，會影響結果的準確性。訪談人員應能讓回答者了解問題及其目的。此外也應再次詢問一開始就拒絕回答者，是否願意再作答。其實，很多拒答的原因，通常在於聯絡的時間不對，真的不願回答的情況並不多。大概有四分之一到三分之一的受訪者，在二度詢問時，願意回答。

　　通常回答者對受訪過程的感覺都很正面。如果調查研究計畫的執行小組負責的話，回答者的身分應該完全保密。調查研究人員對回答者的身分保密程度，就於如同精神科醫生與新聞從業人員般。由於大多數的研究計畫目的正當，所以大部分的人都願意作答。若訪談人員願意以回答者的方便為先，來安排訪談時間，那對大多數的回答者而言，應不至造成壓力。大部分的回答者反應，其受訪經驗非常愉快，人們一般喜歡向好的聆聽者訴說自己的事。

　　各個研究所碰到的與受訪者聯絡及取得協助的問題，各有不同。不過大致說來，或問卷回覆率低於 65%，則意味上述的某一或某些基本步驟沒有施行。

減少郵件調查方法的未作答情形

　　減少郵件調查方法未作答情形所產生的問題，與前述有些不同。直接與回答者聯絡是電訪與個訪的主要關鍵，

而對郵寄聯絡的方法而言，研究者只要有正確地址，就可以解決。大部分的人出門，最後一定會回家拿信；不過，因爲沒有訪談人員的關係，便很難誘導回答者回答問卷上的問題。

寫信並不能有效說服大多數的人，個訪要比寄信來得有效多了。坊間有許多書籍設計各種方法，試圖讓郵件聯絡方法更爲有效。如：問卷該用彩紙或白紙影印呢？需不需背書保證？該給回答者多少費用？有的研究人員直接在問卷中附上費用，如果問卷遭退，則保證賠償。回信是否需用藍筆簽字？貼郵票的信封是不是比預付郵資的好呢？

多半的情形中，若郵寄的問卷看來較專業、較獨特，對問卷回覆率而言會有正面的效果。注意這些細節，或許對整體來說，很有用處；Linsky（1975）曾對此有詳盡的討論。這些方法可能可以讓問卷填得更爲順利。本書將在第 6 章有詳盡的敘述，不過，在這兒有三點必須先提出：

1. 內容要清晰。
2. 問題與問題間的間隔，應預留足夠的空間，問題要易於回答而不含混。
3. 要回答的內容也須簡易。除非回答者願意，不要要求他們填寫問答題，盡量採用勾選答案或其他簡單的方法。

有些出版的研究論文指出，先附回答者一、二美元，可以增加問卷回覆率（Fox, Crask & Kim, 1988; James & Bolstein, 1990）。大部分的研究顯示正面的結果，甚至醫

師的研究亦同（Berry & Kanhouse, 1987） 郵件調查的好壞差異，在於研究人員是否與未作答者繼續聯繫。Dillman（1978）在他的的概述中，就曾提到合理的方法：

1. 第一次郵寄後十天，即寄上短箋提醒未作答者，強調高問卷回覆率對研究的重要性。
2. 提醒卡寄出十天後，再寄信提醒仍未作答者，高回覆率對研究十分重要，並再次附上問卷，以防之前的問卷被丟棄。
3. 若回答情形還是令人不滿意，或許最好的辦法就是直接用電話與回答者聯絡。如果無法取得電話號碼，或是個別電話通知的花費太高，不妨試試再寄些說服信函、夜間送信或其他方法，應該會有助益。

　　問卷回覆率究竟要多少才能稱爲合理，端視樣本、研究的性質，參與人士的動機強度，以及內容的難易程度。若樣本自身擁有強烈的動機，教育程度良好，則問題內容就容易的多了。Dillman 曾僅以郵寄的方法，使得問卷回覆率高於 70%（Dillman, Carpenter, Christensen & Brooks, 1974）。當然，若之後接著以電話聯繫，則問卷回覆率會更高。若工作人員有毅力，研究設計完善，即可經由郵寄方法得到不錯的問卷回覆率。

　　如果研究人員要再次聯絡未作答者，就必須知道誰沒有寄回問卷。這不須複雜的確認過程，只要在問卷或回寄的信封上簡單標上數字，即可清楚知道數字所代表的意義。

研究人員通常會再次確認是否能辨認回答者。這個方法簡單易行，後續步驟也不因此而無法施行。若回答者收到無法辨認的問卷，就另附上一張可辨識的卡片，方法如下：

　　　　研究人員您好，我寄出辨識卡並附上填好的問卷。由於問卷不須告知姓名，僅以這張卡表明在研究中不用再寄提醒卡了。

　　這種方法可保持回答者的身分，不致曝光，同時還讓研究人員知道有誰回覆了問卷，有人會認為回答者寄回識別卡只為避免再次收到提醒卡或信，其實，這不常發生。倒是識別卡和問卷一起寄回的情況較多。Sieber（1992）曾討論多種蒐集資料匿名的方法。

改善未作答的情形

　　有些未作答的情形無可避免，但有三種方法可減少所產生的誤差：採用代理回答者（using proxy respondents）、選用統計數據調整（doing statistical adjustments）、重新再調查未作答者。

代理回答者

蒐集家戶成員資料時，許多調查都只取其中一位來代表回答。若這名回答者不能或不願受訪，詢問其他成員也是個方法。代理者資料的品質，對大多數的主題而言，通常意味無法與原回答者相比。此外，對感覺、知識、意見這幾方面，大多數的研究人員不喜歡採用代理回答者的看法。不過，若像是事實性訊息方面，如果代理者的學識豐富，或許可減少未作答情形所帶來的錯誤。Groves（1989）對代理回答者提供的資料品質有所研究。

統計數據調整

利用統計數據來改善未作答情形的方法如下：假設在母體中，65 歲或年紀更大的人，在成年人中佔 20%。但因未作答的情形不同，在回答者中只有 10%的人為 65 歲或以上。所以當調查告一段落，研究人員可以針對年紀在 65 歲或以上的人加權，使其相當於答案的 20%。若 65 歲或以上回答者的答案若與年紀較小的有所不同，估計的結果可能較為樂觀。不過，年齡在 65 歲以上的作答的情況就可能不同。

許多機構採用統計數據來調整未作答所產生的估計錯誤。Kalton（1983）、Little 與 Rubin（1987）、Groves（1989），都曾提出這類調整的技巧、假設與限制。無庸置疑地，這些調整方法的確可以改進估計結果，即使如此，大部分的

人還是認為減少未作答的主要方法，在於減少以調查為基礎的估計所帶來的未作答誤差。

調查未作答者

假設郵寄調查完成了，有 60%的樣本回答。但研究人員認為或許有很多未作答者，若接受電訪或個訪要求後會願意回答，可惜就是缺少資金援助完成這些步驟。其中之一便是，抽取一名未作答的樣本進行聯絡，可是成本較高。

這有兩種用途。首先，這第二回所蒐集的資料，可用來估計初階抽樣造成的偏差數量多少、方向為何。當然，第二回仍會有些未作答的情形，所產生的結果也無法完全代表所有的未作答者；不過，資料還是可用來改善上述的統計數據。其次，若仿照初步調查所使用的問題，再次運用於新的資料蒐集步驟中，其結果還是可以加入原始的樣本資料中。但是資料必須採用加權法處理，而且只有未作答的樣本才能這樣做。

假使有一半的未作答者回覆了，在此階段的資料中，原來已作答的結果要加權兩倍，以結合之前取得的資料。此外，將樣本母體的比例調整（調整過的問卷回覆率納入考量，可以取得更正確的結果。計算方法如下：

$$調整過的問卷回覆率 = \frac{原始回答結果 + 2 \times 原未作答樣本中的回答結果}{原始樣本}$$

非機率或修正後的機率樣本

本章討論到目前為止，仍假設機率抽樣的樣本設計中，選取回答者的的過程是很客觀的。研究人員所面臨的問題僅在於，如何從獲選者身上取得資料。通常採用的抽樣方法並不會選出某些特定的個體，因此，無法計算實際的問卷回覆率。這個段落討論的機率抽樣樣本，其實是指問卷回覆率在非常低的情況下，其抽樣結果——除了問卷回覆率無法估計的以外——使用資料的人士，因而無法獲知資料的侷限何在。

對於機率抽樣的重要性，研究人員各有不同看法。聯邦政府通常不補助不採用機率抽樣方法，卻要估計人口特性的調查。大多數的學術調查機構與非營利性的研究機構，都採用類似的抽樣方法。並且，幾乎所有的輿論民意調查團體、政治性民意調查團體、市場調查組織都僅採用非機率抽樣的方法（請參考 Converse 在 1987 年對這些差異性的精彩討論）。

機率抽樣的重點在於，樣本是經由在篩選過的子群中設立一定的選取率所預選出來的。除此之外，回答者的特質以及訪談人員的裁量能力，都不納入影響抽樣的可能性中。雖然抽樣過程不斷修正，但在最後階段，不論是回答者的特質或訪談人員的裁量能力，都不會影響樣本設計的抽樣結果。最常見的兩個方法如下。

在使用非機率抽樣的個訪情況中，研究人員選取街區

的方法，與機率抽樣的方法大致相似。不同的是，訪談人員在選定的街區中，必須訪談一定數量的居民，不使用明列街區內的家戶單位。訪談人員可以隨意選取街區內的家戶訪談；因此，研究人員不必因獲選者不在，而須再聯絡一次。

電訪的方法也差不多。訪談人員會拿到一份隨機號碼，藉由特定的交換，來完成一定數量的訪談即可。若是訪談人員聯絡時，回答者未作答，或是無法聯絡，只要再打別的號碼即可。若照上述的方法做，在抽樣的初階中，樣本的地理分布，或多或少會和母體的分布情形差不多。但是在選取家戶單位及回答者時，會有三種很明顯的偏差情形產生。

在個訪而非電訪的情況裡，訪談人員可以決定要拜訪的家戶單位。但結果很可能是，訪談人員會拜訪較具吸引力的房子，而公寓方面則挑選一樓，而不是二樓或三樓。訪談人員也較喜歡沒有狗的房子，其他可能的情況，就留給讀者自己想像。

有些研究機構會給訪談人員指示，告知從街區的何處著手，要求訪談人員不要漏掉家戶單位，以限制其選擇上的偏差。不過，由於沒有進一步列出街區內的家戶單位，其實，並無法查知訪談人員是否按照指示行動。此外，若有家戶單位名單，這個方法的部分成本花費可以省去。

因使用非機率方法，而產生的第二個偏差情況，就是能否聯絡上的影響。若訪談人員不打算對沒人在家的回答者，再次聯絡，則有人在家的家戶單位會比沒人在家的獲

選率要高得多。前述的住家中成員為婦女、沒有工作的人、有小孩的，以及其他可能的狀況，都和能否聯絡上有關。

　　未經控制的抽樣，會產生明顯的樣本偏差。最常用來提升樣本品質的方法，就是採用定額限制（quotas）。如此一來，不論是拜訪街區家戶成員，或透過電話聯絡，訪談人員必須在一定數量中，訪談一半的男性及一半的女性。通常，會設定某些限制，像是種族、年齡等。不過，要注意不要設限過多，否則訪談人員會花很多時間打電話、或在街區中遊蕩，以尋找合適的回答者。

　　不論是定額限制或非機率抽樣的另一個偏差情形，就是能否得到協助。若回答者表示正在忙，或是訪談的時間不對，訪談人員便無法得到協助。如果計畫無法有效呈現，母體中會有很多人不願意提供協助。而研究計畫進行得不夠積極時，回答者可以輕易拒絕，這可能使得樣本中較忙的人、懂得較少的人或對研究及某個事件原本有興趣的人，產生偏差的結果。

　　Sudman（1967, 1976）曾表示，所有的調查中，不論怎樣盡力與未作答者聯繫，還是會產生未作答的情況。他建議一旦在聯絡幾次後，確定回答者不願協助，或根本無法聯絡上，就應在該街區中另選代替的回答者，以改善估計結果。他還認為，以鄰居來代替，會比沒有作答，或不是鄰居的狀況要好很多。就像 Sudman 所倡言的，若謹慎控制訪談人員的選擇，那麼所減少的一再聯絡費用，可以抵去許多增加的管理成本。

　　在個訪中（電訪較少），非機率抽樣方法，可以節省

成本開銷。而且,所產生的結果和機率抽樣的資料大同小異。但有兩點要注意。首先,要省錢的方法就是盡可能不要一再聯絡,大約只有三分之一的人可能參加非機率抽樣的民調(也就是母體中,通常在第一通電話就能回答的)。只有三分之一的人有機會獲選的樣本——亦即三分之一的人有此特性——很可能影響樣本的統計數量。Robinson(1989)曾提出一個典型的例子,說明完善的非機率樣本,可能對結果造成極大的影響。其次,機率理論及抽樣誤差的假設,經常用來描述非機率樣本的可信度,此處並不適用。一旦採用了替代者,結果或許和母體相去不遠,可是樣本就不叫做機率樣本了。

有時候非機率抽樣也是很有用的。Henry(1990)曾提出關於很多種非機率的樣本,以及使用的時機。若研究人員決定採用非機率抽樣時,讀者有權知道樣本是如何選取出來的,因能否聯絡而發生的實際偏差狀況,回答者是否願意受訪,因此,一般估計抽樣誤差的方法也不適用。不過讀者很少被告知這些狀況。大部分情況中,非機率樣本呈現錯誤的情況很嚴重,這對社會科學研究的可信度,影響深遠。

未作答是樣本誤差來源之一

未作答的情況很棘手,在調查中是錯誤的重要來源之

一，其所造成的偏差影響不小。雖然我們可以估計問卷回覆率，但通常未作答所造成的偏差程度，卻無由得知，這是因為未作答者的狀況很難得知。

當蒐集資料的過程中，只能從少部分的樣本中得到回收，結果通常與實際母體相去甚遠；而樣本的可信度也不夠。即使調查謹慎進行，問卷回覆率多半也只有 60%到 70%左右。如我們所知，未作答的比例甚高，雖然造成的偏差不太嚴重，影響卻不小。

研究人員能控制大部分的問卷回覆率，研究若呈現效果良好，能得到協助，則結果相當不同。對大多數的調查而言，未作答情形是造成系統性錯誤的最主要來源，也可能對樣本估計結果影響甚鉅。因此，在設計調查時，須非常注意未作答所能造成的影響。

練習

若第一階段中選取的家戶成員為 18 歲或以上的成年人，問卷回覆率為完成訪談的數目，除以在母體中獲抽樣本的數量。當你在計算問卷回覆率時，是否會將下列的群組納入考量呢？（為什麼？）

▶ 空戶
▶ 出外度假的人

- 暫時住於醫院的人
- 不願受訪的人
- 家戶成員年齡全在 18 歲以下
- 不會說研究人員使用的語言的人
- 其他家戶成員表示其心智有問題，或是不知如何回答者
- 那些在訪談人員聯絡時，總是不在家的人
- 在大學中就讀而離家者

解釋你估計的樣本統計量（即問卷回覆率）。

4

蒐集資料的方法

　　蒐集資料有幾種形式，郵寄、電話訪談、親自
訪談或小組作答（group administration），這些與
樣本的組織、研究主題、樣本特質，可運用的人員
與設施有關；還包含問卷回覆率、問題形式，與調
查的成本。在這些形式中，還可另外運用電腦來蒐
集資料。資料蒐集的考量及選擇形式的結果，都將
於本章之中討論。

　　在研究人員必須做的決定中，影響最大的就是究竟要
用什麼方法來蒐集資料。應該是派遣訪談人員訪談、記錄
答案，或是採用自己作答的問卷調查呢？若要雇用訪談人
員，則須決定訪談形式為親自訪談或是電話訪談。如果回
答者填問卷時，沒有訪談人員在場協助，便要選擇呈現問

卷的方法。請回答者填寫問卷，不論是個人或團體，有時候會要求立刻交回。在某些以住戶爲單位的調查中，問卷可以放在住戶處，再以類似的方法，請住戶寄回或交回。

雖然大部分的調查，在蒐集資料的過程裡，僅採用一種方法，但也可以組合運用不同的方法。比方說，採用親自訪談的調查，有時候可以加入一些自己作答的問卷，要求回答者自己填寫。爲了減少未作答的情況，有時可請訪談人員利用電話訪談或親自訪談的方法，來聯絡未回覆問卷的回答者。像是在採用親自訪談卻無法找到住戶位置，或搬離訪談區的人，可以透過電話聯絡，或要求填寫自己作答的表格。若是訪談時，有電話號碼可用，即採用電話訪談方法，假使拿不到，再用親自訪談方式即可。

這些蒐集資料的方法，在某些條件下最爲適用。本章內容即在討論使用各種方法的基本條件。

選擇策略時的幾項重點

抽樣

研究人員抽樣時，必定會選用最適宜的方法來蒐集資料。某些抽樣方法，會讓使用某些資料蒐集的方法變得困難或簡單。如果從名單上抽樣，則其資料內容非常重要。

假設名單上缺乏完整的郵寄地址，或是電話號碼，要用郵件或電話來蒐集資料就很困難。隨機撥號方法，改進了電話資料蒐集的方法，讓有電話的住戶，都有獲選機會。如果有意要放棄未設電話的住戶，要選取一般住戶樣本時，這個方法花費較少。

當然，也有可能一開始要聯絡住戶時，就先採用隨機撥號的方法來選樣，再搭配其他方法來蒐集資料。一旦聯絡上了，就可以要求留下住址，郵寄問卷或是派訪談人員去訪談。這種設計對找尋某一特定的稀有族群，特別有用，因為使用電話來選樣、篩選過濾，比起親自訪談要便宜得多了。若是取樣是以地址為基準，則可由名單資料中使用區域機率取樣、電話訪談、親自訪談或郵寄的方法都可以。只要有完整的地址，就可以派出訪談人員。此外得到地址的同時，可能也可取得電話號碼。例如，在大多數的市中心，會有市區電話簿，會有一部分按地址排列的電話號碼。有的城市中，研究機構可以取得電話號碼，通常是作為商業用途，列著依地址排序的電話號碼。若抽樣採用區域排列方法，訪談人員還可依地址找到名字，然後就可以在一般的電話簿中找到電話號碼。

可是這種方法卻無法取得所有地址的電話號碼，因此，必須以其他方法來代替。不過，可以利用電話訪談大部分的人，這是先使用這個方法的好處。如果樣本有完整的地址，也可用郵寄的調查方法。在市區中有很多複合式住宅，取得要聯絡的公寓單位（或住戶的姓名）以及住址，非常重要。如果少了公寓單位或姓名來區分，郵件在複合式建

築物內，可能無法遞送或是投遞錯誤。沒有特定住戶單位的地址，在市區會非常麻煩。

最後一點要注意的，就是選取回答者的問題。如果樣本結構的架構明列了個人資料，那麼不論何種方法，包括郵寄方法都可行。不過，很多調查在蒐集資料的同時，即要選定回答者。若問卷直接寄到住戶家中或某個機構，研究人員便很難控制究竟是誰填了這份問卷。因此，若要選定回答者時，訪談人員就顯得非常重要。

母體的類型

選擇蒐集資料的方法，有兩大考量，一是母體的閱讀及寫作能力，另一是其願意協助的動機。自己作答的方法比起訪談，要更倚重回答者的閱讀與寫作技巧。對教育程度不太好的回答者其英文閱讀寫作能力並不流暢（但還能開口說），還有視力不良、身體不好或容易累的人來說，有訪談人員協助執行調查，會比要求他們自己填寫來得容易。另外關於郵寄調查方法的問題，就是很難要求作答者寄回填寫完整的問卷。只有對研究特別有興趣的人，才最有可能回覆問卷（Heberlein & Baumgartner, 1978）。

在這種狀況中，若從一群教育程度良好的人中蒐集資料，一般而言，可能對研究有興趣，郵寄的方法比較有作用。假設研究進行的對象，其閱讀寫作能力不佳，則其興趣、動機一般來說也較低，採用訪談人員執行資料蒐集的方法比較好。

問題形式

　　大體而言，如果要採用自己作答方式的問卷（self-administered questionnaire），必須使用封閉式問題（closed question），也就是回答問題時，只要在框框裡打勾，或是到圈選某個合適的答案。其次，要注意自己作答的開放式答案，通常無法產生有效的資料。沒有訪談人員在場協助，來使答案清晰一致，則所有回答者的答案無法互相比較，也很難轉化為數據。如果答案有用的話，通常是做為故事題材，而非用來檢驗數據。

　　開放式問題（open question）通常需要訪談人員協助，有些例子顯示，封閉式問題在自己回答方法中，處理的狀況較好。就好比研究人員要問一大串項目，而形式又很相似時，就很適用。要求訪談人員唸一大串相似的項目，這好像不太恰當。在這種情況下，最好採用自己作答的問卷，這種方法可以用來調適訪談的步調。

　　當問題類別多而複雜時，自己回答的方法佔有較大的優勢。在個別訪問中，通常會交給回答者註明答案的卡片，提醒回答者各種可能的答案。而在電話訪談中，就必須做些調整；可採用三種方法。其一，研究人員只須在電話中限制回答的等級（response scales），有人認為設定四種等級最為恰當；電話調查的例子中，較常使用二到三種等級。

　　其二，若問題很長，只要電話訪談人員唸等級的速度慢些，唸完再重複一遍，還是可以請回答者挑選正確的答案。但若答案需要親眼見到才能選擇，那麼，電話訪談就

無法做到這點。而有些問題的答案，會受所唸出的順序影響（Bishop, Hippler, Schwartz & Strack, 1988; Schuman & Presser, 1981）。

其三，研究人員可以將複雜的問題，分成兩到三個簡單的小問題。比方說，詢問收入多寡時，在四到五個等級中挑選一類。若是九種等級的問題可以分作兩個階段：「您家中年收入是少於一萬五千元美元，或在一萬五千元到三萬美元之間，亦或是比三萬美元多？」然後，依據所選的答案，訪談人員可以進一步問另外三個選擇性問題，像是，「那您家中的年收入是少於二萬美元，或介於二萬至二萬五千美元之間，還是多於三萬美元呢？」這樣的變化，可以讓問題較易於回答，不過，有時候問題的形式卻會影響答案（Groves, 1989）。

有些問題形式不適於列入電話訪談中，像是描述情況或事件的複雜問題、需要圖片或其他視覺暗示的，都不適合。雖然研究人員表示，大多數的問題都可用於電話訪談之中，但若是這種檢驗形式在調查中非常重要，就須考慮電話訪談之外的方法。

問題內容

在過去二十年來，許多研究報告提出，運用不同資料蒐集方法的比較結果（e.g., Cannell et al., 1987; de Leeuw & van der Zouwen, 1988; Groves & Kahn, 1979; Hochstim, 1967; Klecka & Tuchfarber, 1978; Mangione, Hingson & Barret,

1982）。在大多數的研究中，由親自訪談、電話訪談與自己作答的方法所取得的總計分布狀況（aggregate distributions），都很相似。此外，很多敏感性話題，例如：飲酒狀況，家庭計畫，多採用電話訪談的方法。

面對敏感的主題時，研究人員一度爭論各種方法的優點。對回答者來說，自己作答的方法是最好的，因為他們選擇不喜歡或負面的答案時，不必直接面對訪談人員。但有人認為電話訪談過程中，因為沒有見面，助長人們回答負面的事件、態度。而且，隨機撥號方式在調查過程中，至少回答者可以匿名，訪談人員不須知道回答者的姓名及所在位置。不過，有些人認為親自訪談卻是詢問敏感問題的最好方法，因為訪談人員有機會可以建立回答者的信賴，以取得敏感的資料。

這些說法似乎都合理，但研究結果卻有些不同（Singer, 1981）。下列歸納的情況可能較正確。首先，自己作答的形式和其他方法，都有可能碰觸敏感或令人窘困的問題。其二，透過電話訪談的形式，最常能得到含有社會成俗偏見的答案。在 Mangione 等人 1982 年的著作中可發現這類狀況，受訪者於承認過去有酗酒問題的比例上，有所不同。Aquilino 與 Losciuto（1990）也發現在電話訪談方法中，很少有人告知藥物使用情況。Hochstim（1967）與 Henson、Roth、Cannell（1977）也提出相同的看法。第三，假設調查內容真的非常敏感時，研究人員雖然在整個過程多採用自己作答的問卷，以及隨後再次電話訪談，至少會考慮於調查初期，使用親自訪談方法與回答者接觸。

若問題內容很難回答，可能會影響資料蒐集模式。有時，研究人員會想知道難以回答的事件、行為其準確性如何，因為這些研究通常維持一段時間，或是詢問的細節太多。此時，若參考記錄，或與家中其他成員討論，回答時可以較為準確。一般標準訪談採用的速答式詢問過程，就無法提供這樣的機會；這種情況在電話訪談中，最為明顯。而自己作答的方法，就有較多的時間可以思考，可以確認記錄內容，或參考家中其他成員的看法。

　　整體而言，研究人員發現，若各樣本間的答案可以拿來比較時，大多數的調查評估結果並不會因資料蒐集模式不同，而有所影響。除非有些問題對研究的計畫非常重要，則研究的決定是有關如何在實際環境中蒐集資料，而不是研究主題與資料蒐集模式的互動關係。

問卷回覆率

　　問卷回覆率在蒐集資料的過程中，比其他的考量都來得重要。小組作答方法的好處，在於如果可行的話，問卷回覆率會很高。一般說來，若是要求在教室中的學生，或是在某個工作環境下的工作人員回答問卷，問卷回覆率可以高達近 100%。沒有回答的原因，通常在於缺席，或是因班表排定需要（輪班、休假）。

　　毫無疑問地，在郵寄調查中，未作答的情形所造成的問題是所有的調查方法中最嚴重的。一如前章所述，假設隨便將問卷寄給大眾，而沒有任何後續行動，則回覆率通

常是低於 50%（Heberlein & Baumgartner, 1978）。若使用正確周詳的方法，計畫在規劃與執行時都很完善，則郵件調查的問卷回覆率也可與使用其他方法所得的結果相似（e.g., Dillman, 1978）。

運用電話方法的效用所產生的高問卷回覆率，須視取樣計畫（sampling scheme）而定。在調查中，運用電話訪談的方法之一就是一再重複親自訪談的過程。如果有地址與電話號碼的名單，即可先寄份說明信，解釋調查目的；之後，訪談人員可以透過電話，要求協助。在這種情況中，電話訪談與親自訪談的問卷回覆率就沒有太大的差異。尤其在訪談人員願給未作答者選擇，親自進行訪談時，更是如此（Groves, 1989; Hochstim, 1967; Mangione et al., 1982）。

不過，上述方法只能代表某些特定的調查。大多數的調查都是運用隨機撥號抽樣。隨機撥號方法的特色之一，就是不事先通知回答者，這是由於沒有地址的緣故。較有能力且謹慎的調查機構，在電話訪談調查中，會發現其問卷回覆率要比親自訪談低 5%（e.g., Groves & Kahn, 1979; Groves & Lyberg, 1988）。

在市區中使用電話訪談的問卷回覆率較高，而在郊區，親自訪談的結果則較電話訪談來得高。在擁有保全系統的大廈與不願訪談人員在晚間進行訪談的鄰近地區，較適用電話訪談。此外，在電話訪談調查中，若是回答者不在家時，多半會再打十通電話，甚至十五通。另一方面，就如第 3 章所述，有些因教育程度及年紀影響的未作答情形，在隨機電話訪談調查中，可能會比親自訪談來得嚴重。

若是可以先寄出說明信函，通常說來，電話訪談與親自訪談調查的結果沒有太大的不同。並且，如果研究人員考慮再次進行訪談以取得進一步資料，電話訪談和親自訪談的問卷回覆率大致相似。在研究某些市中心的母體時，有可能連使用隨機撥號的方法所得的結果，和親自訪談方法一樣好（有時候還更好）。

如果研究母體規模較大時，似乎隨機電話訪談的問卷回覆率，要比親自訪談低。當問卷回覆率減少 5%到 10%，乘以因沒有電話而被遺漏的比率，問卷回覆率的變化影響其實很大。使用隨機撥號方法，這點不便之處，研究人員必須要有心理準備，或是坦然接受，不然就要努力避免。

成本

郵寄與電話訪談調查方法要比親自訪談吸引人的原因，莫過於成本（cost）較低廉。影響調查成本的原因很多，有些是設計專業問卷時所需耗費的時間，還有像是問卷長度、樣本的地理位置分散、是否可聯絡上樣本、樣本本身的興趣、再次聯絡的程序、選擇回答者的方法以及是否有經過訓練的人員可用。雖然表面上郵寄調查花費較低，但郵資、辦事員郵寄時的時間與費用、影印問卷的費用，其實都不少。還有，若尚有後續的電話聯絡，費用就更高了。

若郵寄調查執行妥善，則花費大體而言和電話訪問差不多。兩者的差異就在所花的電話費。電話費也會影響親自訪談中使用電話的情形，但親自訪談的開支通常要比電

話訪談來得多。訪談人員的薪資與訪談時的必要花費,都會比電話訪談還要高。

雖然要採用郵寄方法或是電話訪談調查,並非取決於費用多寡,但對親自訪談而言,費用通常扮演者重要的角色。不過,親自訪談方法常常因其優點而被選用,以達到特定的研究目標。

可使用的設施

決定使用何種蒐集資料的方法時,應該考慮可使用的設施及人員。培訓訪談人員所費不貲,且過程不易。新培訓的人員折損率最高;許多新的訪談人員,對於取得回答者的合作並不在行,一開始遭拒絕的比率很高。並且,長於訓練與管理的人員,尋訪不易。因此,要進行訪談式的調查過程,就須考慮執行專業性資料蒐集所需能力。如果有人能參與調查作業,或是幕僚人員中有人有管理及訓練訪談人員的經驗時,則雇用訪談人員的研究計畫就更為可行。如果沒有的話,則可考慮採用自己作答的問卷來進行調查,較為便利。

蒐集資料的時間長短

蒐集資料所耗費的時間,因不同的模式而有所差別。郵寄調查多半歷時兩個月。通常過程包括郵寄問卷、等一陣子、再繼續郵寄、繼續再等,還有最後階段的電話訪問

或個別訪問後續行動。但也有可能在數天內即完成整個電話訪談調查。不過這種快速的調查結果，必須爲未作答的情況付出代價，因爲有些人無法在這麼短的時間內聯絡上。可是，在同樣規模的調查中，電話訪談一般可以比郵寄或親自訪談調查快些完成。

親自訪談調查耗時的原因，在於樣本的規模大小以及是否有人員可用。不過，可以這麼說，很少有親自訪談蒐集資料的時間會比電話訪談要短的情形發生。

電腦輔助資料蒐集

傳統調查採用紙筆記錄方式，不論是訪談人員，或是回答者來使用。這十年來，電腦已代替了紙跟筆的地位：訪談人員或是回答者只須看電腦螢幕上顯示的問題，接著在電腦中鍵入答案的代號即可。這種電腦輔助蒐集資料方法（computer-assisted data collection）主要的好處，就是利用機器讀取表格，立刻就可顯示答案。對有些調查，蒐集資料的好處如下：

1. 可以在電腦中使用一般紙筆方法無法做到的複雜問題模式。
2. 前述問題的資料，或之前所進行的訪談，可以解釋問題的內容，抑或問題的順序。
3. 如果資料前後不一致，電腦可指出不一致處，蒐集資料時，即可獲得一致的答案。

電腦輔助蒐集資料的方法，不須費時檢查錯誤之處，這在第 8 章會有詳細的討論，撇開這些好處不談，研究人員會失去確認能力，或使用某些特質來控制資料輸入的過程。像在決定大多數的調查設計時，不同的計畫，所需運用的方法不同，則電腦輔助資料蒐集的價值也會隨著改變。Saris（1991）曾提出電腦輔助訪談的成本及好處。

電腦輔助的功能多半用於電話訪談調查。事實上，雖然有很多電話訪談仍採用紙跟筆來記錄，但對某些人而言，電腦輔助的電話訪談方法（computer-assisted telephone interviewing, CATI）就是電話調查的同義詞。排開遺漏資料的因素不論，並沒有資料顯示電話訪談調查的品質，是否會因有無電腦輔助而不同（Catlin & Ingram, 1988）。大多數記載的優缺點為其實用性：處理問卷的難易程度，資料輸入的順序及速度，相對於零缺失程式的需求，訪談人員修改之前答案的難易情形，以及電腦系統當機的風險。除此之外，口述記錄的方法可以經由訪談人員，在紙上逐字打字或寫下答案，而電腦輔助蒐集資料的方法就傾向詢問固定答案的問題。

大多數電腦輔助的訪談，是經由中央處理系統的電話設施進行。不過，由於有了輕巧的筆記型電腦，訪談人員可以在親自訪談時也採用電腦輔助的資料蒐集方法。此外，在某些情況中，像在外科醫生的辦公室，就可使用電腦來蒐集資料：回答者就坐在電腦前，閱讀螢幕上的問題，不需要訪談人員的協助，就可輸入答案。若有觸碰式螢幕或使用滑鼠的電腦，則更適於這種蒐集資料的方法。電腦輔

助親自訪談（computer-assisted personal interviewing, CAPI）的好處和 CATI 相同：處理問題容易，且編輯答案快速。訪談結束後，訪談人員可以將資料寄回，或是透過電話線傳送回辦公中心。

　　雖然電腦自動控制的調查方法還在發展中，但有些關於它發展潛力的事應該要知道。例如，電腦可以呈現的資訊，除了一般字體外，還有圖形。電腦可以隨回答者之需調整問題所使用的語言。還可爲有閱讀障礙的回答者唸出題目。電腦在改變選擇或問題順序的能力與自己作答的形式中佔有很大的優勢，像是使用對回答者有困難的複雜「略過」指令。回答者可能在對著電腦鍵入敏感的答案時，會覺得比對訪談人員來得自在。

　　發展出低成本、易於攜帶、且功能強大的電腦，提供研究人員在蒐集資料時另一利器。雖然電話一直是重要的訪談工具，未來十年電腦在訪談住家或採用自動回答的調查方面，會有卓越的成長。亦如其他的調查設計特質，電腦輔助能夠解決某些問題，同時也會製造某些新的問題。最佳的設計，要隨著各個特別調查的需求而有所改變。

摘要式比較

　　前面討論的部分並不完整，但已涵蓋了大部分的考量點，選擇資料蒐集的模式很複雜，調查研究過程的許多方

面，都牽涉在內。下面列出各主要方法的優、缺點。

親自訪談可能的好處

1. 有些樣本設計方法，採用親自訪談的方法最好（例如，
   區域機率取樣）。
2. 對大多數的人來說，親自訪談可能是取得協助的最佳方
   法。
3. 雇用訪談人員的好處——可以回覆回答者的問題、尋求
   足夠的答案、正確地遵照複雜的指示或順序。
4. 可採用多重資料蒐集方法（multimethod data collection）
   ——包括觀察、視覺暗示（visual cues）、自己作答的
   部分。
5. 可以得到信賴，建立信心（包括文字敘述的確認信函，
   以得到敏感性資料）。
6. 可以派人完成較長的訪談。

親自訪談的缺點

1. 可能會比其他方法更花錢。
2. 需要派遣樣本居住地區附近的人員，並且須受過訓練。
3. 整個蒐集資料的過程很可能比電話訪談要長。
4. 某些樣本（像是在高樓大廈內的、高犯罪率區、菁英份
   子、員工、學生）可採用其他蒐集模式。

電話訪談的優點

1. 成本比親自訪談要低。
2. 一般的母體可採用隨機撥號取樣法（RDD）。
3. 資料蒐集過程的時間較短。
4. 雇用訪談人員的好處（相對於郵件調查來說）。
5. 雇用、管理訪談人員要比親自訪談容易得多——所需的人員較少，不需要人在樣本住區附近、管理情形與品質控制通常較佳。
6. 比郵寄方法所獲得的問卷回覆率要高。

電話訪談研究會遭遇的缺點

1. 取樣會受限，尤其是遺漏了沒有安裝電話的住戶。
2. 使用 RDD 取樣法而產生的未作答情形會比親自訪談要多。
3. 問卷或檢驗方法的限制，包括答案選擇、使用視覺協助效果及訪談人員觀測報告的限制。
4. 若是沒有聯絡，可能在詢問較私人或敏感性問題時，答案可能較不確切。

自己作答（相對於請訪談人員協助作答）蒐集資料的好處

1. 呈現需要視覺效果協助的問題較為容易（相對於電話訪談來說）。
2. 可以用來詢問答案較長或較複雜的問題。
3. 詢問一組相似的問題時，可以採用。
4. 回答者不須讓訪談人員知道答案。

自己作答會產生的壞處

1. 設計問卷時，必須特別謹慎。
2. 通常無法使用開放式問題。
3. 回答者需要有良好的閱讀及寫作能力。
4. 訪談人員不在場，無法控制關於回答所有問題、符合問題目標、以及所有答案的品質。

　　自己作答的調查，可以經由郵件、小組作答或在受訪者家中完成。每個方法都各有利弊。

小組作答的好處

1. 通常得到較高度的配合及協助。
2. 有機會可以解釋研究目的，回答關於問卷的問題（相對郵件調查來說）。

3.　成本較低。

　　主要的不便之處在於，僅有少部分的調查可以使用此種方式。

郵寄過程的好處

1.　成本很低。
2.　只要很少的人員及設施就可以完成。
3.　可以運用於範圍散布很廣的樣本，或是無法經由電話訪談或親自訪談的樣本。
4.　回答者有時間可以考慮答案、參考檔案記錄、或詢問其他人的意見。

郵寄過程的壞處

1.　要取得協助較不容易（端視受研究的組群而定）。
2.　資料蒐集過程中沒有訪談人員，會產生許多不便之處。
3.　取樣時，需要完整的郵寄地址。

給獲選的住戶填寫寄件式問卷（之後再取件）的好處

1.　相對於郵件調查，訪談人員可以解釋研究目的、回答問題、指定住戶成員中誰為回答者。

2. 問卷回覆率與親自訪談研究相似。
3. 比起親自訪談或電話訪談研究，回答者可以有更多的機會考慮答案，參考檔案記錄、或其他家庭成員的意見。

寄件式問卷的缺點

1. 與親自訪談的成本差不多。
2. 須有實際經驗的人員（雖然與親自訪談相較，人員的訓練不須那麼紮實）。

　　研究人員考慮選擇時，也該考慮是否可採用綜合其他的模式。大多數的估測結果並不受資料蒐集模式的影響。結合親自訪談、電話訪談及郵寄的方法，或可節省因取樣或解決未作答情形的成本，Dillman 於 1988 年曾討論這類的綜合性。

結論

　　的確，要決定採用何種模式，端視研究的性質、內容。上述的各種方法，都是研究的法寶，但須取決於調查樣本。二十五年前，研究人員或許認為，親自訪談就是最佳的選擇，因為人的因素可決定所產生的資料。

而今，因爲成本的緣故，研究人員解釋爲何不採用電話訪談的方法。雖然郵件調查也不錯，但大多數的情況下，電話調查的花費相差無幾，卻可以產生較好的問卷回覆率，並節省時間。有的調查中，研究人員會因爲研究主題、估測的種類、或未作答的顧忌，而認爲須採用親自訪談。否則，一般說來，研究人員選擇時，多半採用電話訪談方式。

　　在決定資料蒐集模式時，整個調查的設計方法非常重要。若要花的成本固定，則在親自訪談樣本規模較小的情況下，所採得的資料組會比規模大的來得有用。在決定採用何種蒐集調查資料模式前，最好熟知方法、目標，有通盤的考慮，以節省成本、控制資料品質。

練習

　　若排除開支不論，在調查研究問題中，請敘述爲何郵件調查可能是最佳選擇，並解釋爲什麼它比其他的方法要好。亦請做隨機電話訪談調查及親自訪談家庭調查的練習。

5

設計可測量的問題

　　問題回答在調查過程中著眼於利益，因為答案
是用來評估某個研究的結果。有了良好的問題設
計，結果是可靠（在相似的情境下，會有共同的評
估結果）而正確的（答案與預期的評估相對應）。
本章探討設計問題的理論與實用的方法，以求得可
靠而正確的評估結果。

　　所謂設計問題以供調查使用，即指設計一種量測工具
（measure），而非指談話性質的詢問（conversational
inquiry）。大體而言，問題的答案並非真的著眼於利益；
答案具價值的緣故，在於可以顯示關於利益的某些事實，
或是主觀性的狀態，所產生可以預期的關係。好的問卷可
以強化所獲得的答案，與研究人員試圖量測的目的之間的

關係。

　　調查的答案某種程度上來說，只不過是對研究人員精心設計的人工場景，所產生的反應。本章的重點在調查問題的答案，究竟反映了何種我們所關心的事實。我們來看一些答案以及其背後隱含的意義。

1.　有位回答者表示，在 1988 年的總統選舉中，他沒有投給杜卡其斯（Dukakis），而是投給布希（Bush）。事實上，我們對他在投票亭內，把票投進那個箱子比較感興趣。調查所得的答案或許與投票所內實際發生的情況不同。回答者可能忘了當時他投給誰，也可能爲了某個原因而改投。

2.　有位回答者告知過去一年來就醫的次數。回答者所提的次數是否就是實際次數？若研究人員每天二十四小時跟在他身旁所測得的次數，是否會不同呢？遺忘、就醫的定義、是否願意確實告知就醫次數等，都會影響研究人員從回答者口中獲得的答案。

3.　當回答者爲某所公立學校系統，評鑑等級爲「好」，而非「尚可」或「差」時，研究人員會想將此答案作爲學校系統的評級。如果回答者只要評一間學校（而不是整個學校系統），可能回答者會爲了要讓訪談人員高興，而改變答案等級，或是對這個問題的認知不同時，他（她）的答案可能無法反應研究人員想要量測的感覺程度。

許多調查在分析及評估時，研究人員似乎已知道答案代表的意義。回答者的答案和實際間的研究設計，顯示許多答案非常完整。但要回答者百分之百完美地回答，未免太過天真。若答案量測完備，通常是設計謹慎的緣故。下列的階段中，討論研究人員所找出的方法，來改善回答者答案和實際狀況間的相對應情形。

量測完善的目的之一，就是提高問題的可信度。當兩名回答者在相同的情境下，他們應該以同樣的方法回答問題。由於回答者的答案有無法形成共通的可能，而產生隨機誤差，量測結果也更不準確。本章的第一部分與如何提升問題的可信度有關。

另一點就是某特定答案與研究人員想要量測的部分，其間有何關聯：答案對應情形如何？本章的另兩部分討論與正確性——答案與實際之間對應的程度如何，改善對應程度的方法（Cronbach &Meehl, 1955）。

設計可靠的測量工具

要獲得共同量測結果的步驟之一，就是詢問同樣的問題組。研究人員假設不同的答案源自於不同的回答者，而非回答者所接觸的刺激不同之故。問題所使用的文字，顯然是造成刺激的重要原因之一。

蒐集調查資料，是研究人員與回答者間的互動關係。

在自己作答的調查中,研究人員經由書寫的問卷,直接與回答者對話;而在其他調查中,訪談人員將研究人員的話,口述給回答者知道。這兩種狀況中,問卷僅僅是互動關係中,代表其中一方的代言書。為了讓所有的回答者提供共通的資料,必須設計一份包含下列特質的完善問卷。

1. 研究人員設計的問答中,整個過程應編寫完整,這樣才能讓回答者回答。
2. 問題對每個回答者應該意味相同的事情。
3. 所有適切的問題答案種類,回答者應該都能理解。

不適當的用字

問題用字不恰當最常見的就是,研究人員使用的文字,無法構成完整的問題。

不適當的用字

不良	較好
5.1 年齡?	最近一次生日的年紀為何?
5.2 最後一次看醫生的原因?	最近一次就醫的原因為何?

訪談人員(或回答者)必須在左欄中加入或改變文字,

以期能夠回答問題。若最終目標在於讓所有回答者回答同樣的問題，研究人員最好是完整地寫下問題。

　　有時為了不同的回答者的需要，應設計可供選擇的用字（optional wording）。不過，那並不代表研究人員需要放棄撰寫問題。通常是加上括號及所需的文字。由訪談人員視情況需要，適合時就用，不適時便略去。

可供選擇用字的範例

5.3　您（或與您同住的人）是否曾於這一年內遭陌生人攻擊或被打？

5.4　（您／他／她）是否向警方報案？

5.5　最近一次的生日（您／他／她）（每一位）的年齡為何？

　　在範例 5.3 中，只要訪談人員確定回答者獨居，則括號內的文字即可省去不問。若住屋內不止一人居住，就必須要問。5.4 括號中的選擇，影響就小多了。不過，括號提醒訪談人員應作的文字選擇，使用正確的文字，只念所寫的問題，以便呈現滿意的刺激。

　　5.5 的情形亦同。這種方法，可用於要求住屋中每位成員回答的情況，而不是永無止境地重複同樣的話語，只要寫下一個問題，要求訪談人員換上適當的用字語彙（妳的丈夫／妳的兒子／妳最大的女兒）。

　　上述的例子可以讓訪談人員詢問有意義的問題，並將訪談中累積的資訊用來取捨問題，以符合回答者的個別情

況。有時候在問卷中會出現另一種可供選擇的文字，但卻不適用。

不適用的選擇性用字範例

5.6 你最喜歡鄰近地區的那個部分？（我們有興趣的是像房屋、人、公園或其他的部分）

括號內的假設提示，或許對回答這個問題覺得困難的回答者有幫助，但以檢測的觀點來看，這會破壞標準訪談。如果，訪談人員在回答者無法立刻回答問題時，即使用括號內的提示，有部分的回答者會因此而回答不同的問題。這種供選擇的提示，經常是在研究人員認為原先設計的問題不是很好時，所引用的。最好的辦法就是，一開始即設計出好問題。在上述的例子中，除非是為了某位回答者的需要，遵循標準的方法修改問題，否則訪談人員不應選擇要問什麼問題或如何問。下面是另一個問題文字不完整的情形。例子中有三個錯誤。

用字所提供的資訊不足的例子

5.7 請為您鄰近區域的設施評估等級，是非常好、好、尚可或不好。請在我唸時仔細考量。

A. 公立學校

B. 公園

C. 公共運輸設施

D. 其他

5.7 的第一個問題就在於文字主幹中的排列順序。回覆時，回答者可能因指示之故，對某些特定的選項仔細思量；反而忘了問題本身。訪談人員可能要在回答前，視需要再解釋或重述問題。第二，訪談人員要問的第二項——公園，在實際狀況中，可能沒有。下面的例子則寫得好多了：

文字較完整的範例
5.7a 我想請您為鄰近區域的設施評估等級，希望您對要說的答案仔細考慮,您會如何評呢？是非常好、好、尚可或不好？

這樣一來，訪談人員拿到的問題，就有了要問的第一項和其他的項目。

第三個問題就出在範例的第四個選項「其他」上頭。訪談人員要如何表示？他（她）要編出新的問題，像是「在您鄰近的地區裡，是否還有其他設施是您重視的？」評估等級的問題要如何行諸文字呢？其實在問題中，也常出現與範例相似的「其他」，所以 5.7 寫的並不充足。

上述例子顯示，問題文字不足，無法讓所有的回答者產生共通的答案，要提升共通性的另一個步驟，就是設計一組通順簡易的問題。訪談人員如果碰到文字不通順、令人困惑、字音難讀、或是字與字的組合間唸來不順暢時，都可修飾問題的文字，以期使問題聽來合理易讀。可以訓練、管理訪談人員，盡量將這種修正降到最低的程度。然而，只有提供訪談人員簡而易讀的問題時，才有助益。

確定對所有的答題者具有一致性的意義

若詢問所有回答者的問題都相同時，必須要注意不同的回答者會有不同的答案。但進一步考量：問題對所有的回答者來說，意義必須是相同的。如果兩個回答者對問題的認知不同時，他們答案不同的緣故，可能僅在於此。

如果所使用的文字並非所有人都懂時，可能會造成問題。一般而言，受教育的經驗及文化背景都會造成影響。甚至對教育程度高的樣本，在設計問卷時，也是採取簡短易懂的文字較好。

無庸置疑地，使用含有多重意義的詞意或概念，要比使用不熟悉的字眼，容易造成錯誤。曾有些學者研究某些經常誤用的術語（詞彙），其普遍的情形（e.g., Belson, 1981; Fowler, 1992; Oksenberg, Cannell & Kalton, 1991; Royston, 1989）。

定義含糊的術語（詞彙）

5.8 過去一年來，您是否看過醫生，或與醫生談過您的健康狀況？

問題：在這個問題中，有兩個含混不清的詞彙或概念。首先，醫生的定義不夠明確。只要擁有醫學碩士學位行醫的人就是醫生嗎？若是的話，精神科醫師也包括在內，但心理學家、脊椎指壓師、骨科醫師、及足科醫師卻又排除在外。又好比在診斷室中直接替醫師工作的外科醫師助理、

護士呢？那像是去診所讓護士接種疫苗算不算呢？

其次，看醫生或與醫生談話的方法為何？透過電話算不算呢？若到診所時，醫生不在，也算嗎？

解決之道：通常最佳的解決辦法就是給回答者及訪談人員所需的定義。

> 5.8a 我們想問些有關造訪醫生，尋求醫療建議的問題。
> 這包括擁有醫學碩士資格的專業人員，以及在診療室直接為擁有醫學碩士工作的人，像是護士或醫療助理。

像這種定義繁雜須花時間解釋的問題，可以採用輔助辦法——問補充問題，以免遺漏了想知道的項目。例如，看精神科醫生、疫苗接種、經由電話尋求諮詢，通常較少列於回答之中，但可能需要特殊的後續問題協助。

定義含混的詞意

> 5.9 你昨天吃過早餐嗎？

問題：問題點在於早餐的定義因人而異。有人認為中午之前，喝喝咖啡、吃吃甜甜圈，就算是早餐。有的人則認為早餐要包括一道主菜，例如：培根、蛋，並且在早上八點以前食用才算是。若要量測在早上食物食用情形，則結果中，可能會因早餐定義不同而產生錯誤。

解決之道：有兩個辦法。其一是可以先確定早餐的定

義為何。

5.9a 為了所需的目標，先設定早餐為一頓飯，在早上十點前用畢，食物要包括一些蛋白質，像蛋、肉或牛奶，一些穀類，如土司、玉米片，還有些水果或蔬菜。在這樣的定義中，你昨天吃過早餐了嗎？

雖然通常這個辦法不錯，但在這個例子中就顯得非常複雜。與其要研究人員向回答者下定義，不如要求人們回答他們在十點前吃些什麼。到了轉為代碼的階段，可以取捨所食用的東西，是否符合早餐的標準，而不需要向每個回答者的狀況都符合相同的定義。

定義含混的詞意
5.10　您贊不贊成制訂槍枝管制條例？

問題：槍枝管制條例可以指禁止進行合法販賣某些槍，要求人們登記他們的槍枝，限制人們擁有槍枝的數目，或禁止人們擁有槍枝。回答者回答問題時，可能會有這些猜測，導致不同的看法。

5.10a 管制槍枝的提案之一為，曾犯下與暴力有關的案子的人，不准購買或擁有手槍、來福槍或散彈槍。請問您反對或是贊成制訂這樣的法案。

有人認為這只是管制槍枝的方案之一。的確如此，若想要詢問對管制槍枝對策的各種問題，應該要分別問些特定的問題，這些問題必須是所有的回答者都能了解，而研究人員能夠分析的。複雜的議題，是無法只經由回答者自己決定他們想回答什麼題目，就能夠解決。要解決複雜的定義問題，最糟的方法莫過於給訪談人員指示，告訴他們若有人詢問時，要如何解釋詞意。但只有有疑問的回答者能得到定義；如果定義未載明於問卷，則訪談人員將無法給予一致的定義。如此，研究人員便無由得知，是那位回答者回答那個問題。若有複雜且需用於問題中的詞須加以定義，訪談人員則須將這定義唸給所有的回答者聽。

- ## 「不知道」的選擇

當回答者被問到有關他們生活、感覺或經驗的問題時，若他們不願回答之時，通常就以「不知道」來代替。另一方面，我們有時也可能問到回答者真的不知道的事。問題離回答者的直接生活越遠時，他們可能沒有足夠的知識來回答，或形成意見、感覺。

對於這種可能性，有兩個解決的辦法。直接問所有的回答者問題，再來判斷其想回答「不知道」的答案。不過，回答者回答「不知道」的原因很多（Schuman & Presser, 1981），訪談人員在處理「不知道」的答案時，可能無法連貫（Fowler & Mangione, 1990; Groves, 1989）。另一個辦法就是，問所有回答者標準問題來過濾答案，請他們說明是否對某個主題熟悉，能夠提出他們的意見，表達觀感。

當研究人員著手處理的主題，大家都很熟悉時，是否要詢問具備相當的知識來過濾，就不重要了。但若有不少的回答者不熟悉或沒有感想時，不論問題內容為何，最好還是問問回答者，是否對主題熟悉來過濾。

- **對某些特殊的族群使用的特殊文字**

研究人員對母體中不同的族群，使用不同字彙的情形，苦惱不已。所以有人認為，所謂的標準測量是要對不同的族群，設計不同的問題（Schaeffer, 1992）。

不過，針對不同的族群來設計不同的問卷形式，卻從來沒有人嘗試過。反而是方法學家，很努力試著找出是否有使用的文字，能在整個母體中達成共識。有時在社區的某些份子間，可找到類似的共通語言（大多數是受過較好的教育），但要找到連其他的族群都可完全並行的文字，然後給訪談人員一些可依循的規則，讓他們決定何時問該問的問題，非常困難，可能比刪去不問所產生的麻煩還多。

研究人員面臨的最大挑戰就在於，如何從使用不同母語的人身上採集可以作為分析比較的資料。可以嘗試將原來的版本，非常謹慎地譯為新的語言，再請另一位譯者譯回原版使用的語言，把原版與重譯的版本相比，修改不同之處。就算在這樣仔細的努力過程中，仍然很難確保人們能回答可相互比較分析的答案。在不同的語言中，採用形容詞的等級，是否能相互比較，實在令人懷疑；再翻譯形容詞等級時，若有圖片或數字輔助，通常較能量測分析（e.g., Andrews & Withey, 1976; Nelson & Berwick, 1989）。Marin

與 Marin 於 1991 年分析，從說英語與西班牙語的人身上所採集的資料，可相互比較的可能性。

應答型態的標準化

如前所述，必須要給訪談人員一份好的腳本，他們才能在唸問題時，精確地按照記錄的文字讀出，也因此設計對所有回答者有共同意義的問題，十分重要。設計一個好問題的關鍵在於，回答者須對如何構成完備的答案，能夠達成共識。

最簡單的辦法就是，提供他們一些可以接受的答案。這種問題就叫做封閉式問題（closed questions）。回答者只要從研究人員設計好的一組選擇中選一，有時候甚至可複選就好。

不過，並不是所有的情形都適合採用封閉式問題，可能有的答案比研究人員設計的還要多。研究人員或許認為，並非所有合理的答案都能想得到。因此，研究人員比較喜歡提供一組選擇給回答者。這樣一來，問題本身就須盡可能包含想要的答案。

5.11　您何時得麻疹的？

問題：上述的問題並沒有指明要回答的時間。請參考下列可能發生的答案：「五年前」；「當我在服兵役時」；「當我懷第一個孩子的時候」；「當我 32 歲的時候」；「1987

年時」。這些可能是同一個人會回答的內容，也都符合問題要問的。但在同一份調查中，並非所有的答案都可以使用，因為統計數據需要可以比較的答案。由於回答者必須猜測需要回答何種答案，所以訪談人員無法只使用 5.11 的文字，來得到所需的資料。

　　解決之道。設計新問題，對回答者解釋需要何種答案。

　　5.11a　當你得到麻疹時，是年紀多大的時候？

　　5.11a 顯然是研究人員要問所有的回答者，所該使用的文字方法。

　　5.12　為何您投票給 A 候選人 ？

　　問題：幾乎所有問「為何」的問題，都會產生問題。一個人對原因的看法或參考的指標，都會影響他的答案。在上述的特例中，回答者可能選擇回答 A 候選人的優點、B 候選人的缺點、或是他（她）選擇的某個原因（「我的母親這輩子都是民主黨」）。因此，回答者可能因看事情的態度不同，而有不一樣的回答。

　　解決之道：指明問題的焦點所在：

　　5.12a　A 候選人的何種特質，讓您投票給他（她），而
　　　　　非 B 候選人呢？

這樣的問題就可以讓回答者知道，研究人員希望他們談的是他們所選的 A 候選人。如果所有的回答者以同樣的參考內容來回答時，研究人員就可以從不同的回答者身上，得到可以相互比較的答案了。

5.13　在您的住家附近，您最喜歡什麼東西呢？

問題：回答這樣的問題時，有些人只會說一兩樣，而有些人則會說很多種。這些不同點就反映了，不同的回答者會有的不同看法、感覺。過往的研究報告顯示，教育水準與人們回答的數目有很大的關係。訪談人員也會影響答案的數目。

解決之道：指明所需的答案數。

5.13a 您住家附近有何特點，讓您覺得最受您喜愛呢？
5.13b 請告訴我三樣在您住家附近，您最喜愛的東西。

雖然這樣的解決辦法並不能滿足所有的問題，但對很多問題而言，卻能有效減少答案中不必要的變化。

產生不同答案的基本原因，是因為每個回答者對什麼為正確的答案，有不同的見解。將所需答案的特質詳細列出，可以在測量過程中，減少不必要的變化。

測量的形式 / 問題的形式

簡介

前述的過程，是設計來提升可信度的，也就是人們在相似的環境中，會產生類似回答的程度。雖然能用可靠的方法來量測，但仍無法測量出想要的結果。研究人員能夠得到所想要的的測量結果，即稱為真實性（validity）。以下將討論問卷設計所應包含的內容，提升問題可信度的步驟，以增加調查測量的真實性。

分別以不同的問題來找出事實，或由問題的設計訂出一些客觀的測量方法，來測量主觀狀態如態度、意見及感覺。即使，若有問題界於兩種模糊地帶，那麼真實性的主觀與客觀的測量方法也不相同。

藉由個別的觀察來確認答案的正確程度，則真實性的測量就與調查報告的某種「真實的」測量價值相似。就學理上來說，是可以得到個別明確的次數記錄，像是一年中某位外科醫師的醫療記錄。雖然實際上要得到這種個別的測量結果可能很困難（比方說，記錄有錯誤之處），但是對真實性的了解須在客觀的條件下，才能成立。

反過來說，當人們被問及主觀狀態、感覺、態度，以及意見時，就沒有客觀的方法驗證答案是否真實。除非受訪者願意表達其真實的感覺及意見。因此，主觀狀態的真

實性，只有在本人願意陳述，或是他認為量測結果和他的生活有關聯時，才能取得真實的答案。所以，並沒有真的個別而直接的量測方法；答案的真義須由關聯的模式中取得。真實性的基本差異，須藉由分別討論提升真實性的相關方法時，才能看出。

測量的層級

在社會科學中，有四種不同的量測方法。也因此產生四種不同的詢問內容與分析方法：

1. 記名式（nominal）：人或事件為依照順序分類（「您的性別是男性或女性？」）
2. 順序式（ordinal）：人或事件依照單層面（single dimension）順序排列（「您的健康狀況如何：是非常好、不錯、尚可、或是不好呢？」）
3. 間隔式資料（interval data）：附上號碼，以標示有意義的資訊，其排序的或層級間之距離（事實上，間隔式資料很罕見；華氏溫度就是其中之一）。
4. 比例式資料（ratio data）：在各種有意義的價值間，標上比例的數以及其間的間隔。常見的例子為以客觀、物質性的比例量測的距離、重量或壓力（「在您最近一次的生日時，您的年齡多大？」）

通常在調查的時候，若蒐集事實性資料（factual data），

回答者多半會將自己的生活、經驗歸於某個類別之中，產生記名式資料，或是被問及數字，多為比例式資料。「您有工作嗎？」、「您結婚了嗎？」、或像「您有關節炎嗎？」等問題都可提供記名式資料。而像「您看過幾次醫生？」、「您年紀多大？」、「您的時薪有多少？」則回答者會提供比例式資料的時計數字。

當向回答者蒐集事實性資料時，可能詢問順序性的答案。例如：可以列出許多類別，要求他們說明其收入狀況，或請他們以非數字式的詞語形容其行為（好比，「通常、有時候、很少、或從來沒有」）。當回答者被要求以順序式詞語敘述事實性事件時，多是因為研究人員不需準確描述，或是因要報告確切數字而感到困難，故採用順序式層級法，對回答者而言較為容易。不過，事實性的問題中，通常都有實際數字作為基準，標明答案為順序式。

不過，實際狀況有時候和主觀性資料並不相同。雖然這些年來，首先在研究精神物理學的心理學家努力下（e.g., Thurston & Chave, 1929），讓回答者對吻合間隔式及比例式資料假設的主觀狀態，以數字來表示，提供記名式及順序式的資料。記名式的問題如：「下列何種類別可以表示您的感覺、意見或看法？」而順序式問題則像「在這些連續的形容詞語中，何者較符合您的感覺、意見或看法？」

設計問卷時，研究人員須決定採用何種量測方法。一旦決定後，詢問的問題形式就必須很清楚。

問題形式

調查使用的問題大致可分為兩大類：提供給回答者一些可接受的答案（封閉式問題），另一種則是沒有將可接受的答案，清楚的提供給回答者（開放式問題）。

若問題目標是將受訪者歸於未按順序排列的類別中（記名式資料），那研究人員可以選擇，是要詢問開放式或是封閉式問題。兩種形式都可設計出同樣的問題。

開放式或是封閉式問題的範例

5.14　您的健康狀況如何？（開放式）

5.14a　您的狀況符合下列那個敘述？（請讀內容）（封閉式）

5.15　您認為我國目前所面臨最重大的問題為何？（開放式）

5.15a　下列有些問題是國內許多人所關切的。而您認為何者為我國目前所面臨的最重大者？（封閉式）

開放式問題有些好處。研究人員可以從中得到出乎意料的答案。也可以更貼切地描述回答者的觀感。第三，很重要的是，回答者喜歡有機會可以用自己的語氣，回答某些問題。如果只能從提供的答案中選擇，而沒有機會述說自己的心聲，可能令人感到沮喪。但若要供回答者參考的答案太多，那麼開放式問題可能就為適當。

不過，除此之外，封閉式問題通常較能提供令人滿意

的資料。有三個理由：

1. 當有可選擇的答案時，回答者可以較真實地回答問題。
2. 研究人員可以因回答者所選的答案，而得到較可靠的分析結果。
3. 問的問題若完全為開放式，則在許多人的答案中，通常分析出來的結果很少能夠使用。若給回答者一定數目的類別，則較有可能分析其答案。

　　如果研究人員想取得順序式資料，就必須提供回答者選擇的類別。除非是在題目裡，提供一組可行的順序性答案，否則無法只由一些連續的問題就取得可靠的答案。當回答者回答的順序性答案是可用的，就必須進一步討論其內容，這是因為在調查研究中，那很可能是最廣為使用的量測方法。

　　表 5.1 顯示所謂的連續性（範例中，要求回答者替某種情形定等級，其通則可用於所有順序性問題）。研究人員嘗試，由最負面的感覺排到最正面的情形。研究人員嘗試經由這種連續性，以指示或上標籤方式（label），將回答者納入順序式的類別之中。回答者考慮所需類別與其感覺、意見間的關聯，將自己歸於合適的類別中。

　　在這類問題中產生的資料，有兩點須注意：首先，回答者會對標籤或類別認知產生不同的反應。不過，為了獲得有意義的分析結果，必須假設在一般情況中，人們對其感覺定等級為「不錯」時，應該比「尚可」要來得正面。

雖然因人們對「不錯」以及「尚可」的定義不同，測量較為不準確，但仍有其實質意義存在（也就是相對於研究人員要測量的感覺狀態）。

其二，順序性比例的測量方法是相對產生的。選擇某個類別的回答者，是由所呈現的比例來決定。

再想想表 5.1 的等級比例，以及兩個方法所產生的順序性比例。研究人員有可能使用三個等級：不錯、尚可、不好。另一個方法就是採用五個等級的選擇：非常好、很好、不錯、尚可、不好。比較這兩種等級，可能會發現，加入「非常好」及「很好」，並不會就將所謂的「好」的類別，純粹劃分為三等。而是將整個等級的感覺改變了。受訪者對選項有所反應，而對敘述者亦同。在連續程度中，若「尚可」所在的位置在第四位，比在第二位較偏向負面。因此，會希望有更多人選擇「不錯」，尤其是在五級更勝於三級。

對事物的感覺

十分正面				十分負面
兩種等級				
好				不好
三種等級				
好		普通		不好
四種等級				
很好		好	尚可	不好
五種等級				
非常好	很好	好	尚可	不好

圖 5.1　主觀性連續程度

這種表若使用恰當，可呈現其意義：將受訪者排列順序。可是，母體中某個比例的人覺得「好或更好」，並不能絕對代表整個母體都有這樣的感覺。事實上，不同的問題，其比例也會跟著更改。當使用順序式量測法時，只有相對性的敘述（或陳述關係的說法）才算正確：

比較所有的群組中，回答同一個問題的答案（例如，評估候選人為「好」或更好的人，A 組要比 B 組的人多出 20%來）；或，

比較在不同的時間裡，同樣樣本組群的答案（例如，評估候選人為「好」或更好的人，在今年 1 月要比去年 11 月多 10%）。

同樣的情形，可用於取得回答者順序性的回答。（例如，「評估學校、警方表現、收垃圾的情形，哪一項市區服務，您認為最重要？」）不論是何種項目的最高排名，或某個項目的一般排名順序，完全取決於所提供的選項。當選項完全更改時，落點的分析比較便失去意義。

同意－不同意的選項：特殊例子

同意－不同意的選項在研究調查中十分普遍，因此，需要特別注意。回答者回答這種問題時，和將自己歸類於某個類別的情形大不相同。通常是唸一段說明文字給回答者聽，再詢問他（她）是否同意。說明文字的內容和表 5.1

呈現的連續程度有關。回答者選擇時，若其感覺與說明文字接近時，即表同意；差異甚大時，就是不同意。

當比較同意－不同意形式的問題（agree-disagree question）與直接排序的形式時，會發現前者有許多不便之處。比較如下：

5.16 我的健康狀況不佳，您是甚表同意、同意、不同意、或是非常不同意呢？

5.16a 您如何評估您的健康狀況――極好、非常好、好、尚可或不好？

第一段文字的缺點在：

1. 等級排列會將回答者劃作五級；同意－不同意式問題向來只有將回答者分為兩組（同意或不同意）。因此排列順序的方法可以取得較多的資訊。

2. 為了分析同意－不同意的問題，可以詢問連續程度中的項目，如「我的健康狀況尚可」，受訪者不同意的情形，可能是因為其健康狀況甚佳，或是不良。這就會限制人們的選擇。

3. 若要回答者以否定其健康狀況不良的方法，來表達狀況很好時，他們常會感到困惑。

對於單向式的排序問題，通常使用 5.16a 會比 5.16 要適當。不過 5.16 的形式較常用來從複雜的文字中獲得答案，

例如：

> 5.17　以他們過去的經濟狀況來看，實在不適合養一個或兩個以上的孩子。

　　這個問題至少一次提了三件事：經濟狀況、養育孩子的適當數量、對於經濟狀況與家庭大小關係的看法。

　　問題：若受訪者碰巧不認為經濟狀況不良（問題提的為假設），或是經濟狀況與家庭大小有關，若受訪者剛好認為一個或兩個孩子為其家庭計畫的目標，要回答這個就不容易了。此外，不論受訪者同不同意，實際上很難得到其真正看法。

　　同意－不同意的形式，表面上看起來很容易就可構成一份問卷；其實，要以這種形式取得可靠、有用的測量結果，並不容易，要很小心謹慎地處理。通常，研究人員若採用直接的問題形式，較易取得可靠、可供分析的資料。

增加事實性回答的真實性

　　當研究人員詢問回答者有關事實的問題時，就是希望回答者能準確回答；也就是說，若研究人員已取得回答問題的必須資料，就希望回答者能回答研究人員提供的相同答案。關於事實性回答的相關資料，有許多方法學上的文

獻可供參考。其中有許多關於範圍之間的比較記錄，尤以經濟與健康狀況的報告為最（請參考 Cannell、Marquis 與 Laurent，1977 年的摘要）。

答題者回答許多問題時，都很準確，像是訪談在六個月內，曾於醫院過夜經驗的人，90%以上的人都會回答（Cannell & Fowler, 1965）。但人們回答的狀況，則取決於受訪的內容以及訪談的方法。回答時，不準確的基本原因有四：

1. 不了解問題；
2. 不懂答案的意思；
3. 雖然知道，但想不起來；
4. 不想將答案列為訪談內容。

研究人員可採取一些步驟來對付這些潛在的問題，以下列出一些對策。

了解問題

若有答題者不了解問題的真意，當然就會產生錯誤。好比前面提及的，當研究人員要解釋事件時，其定義十分複雜，如：竊盜或外科手術。有兩個方法：（a）向所有的答題者解釋；（b）讓答題者提供所需的資料，將其經驗的細節、複雜情況，由人員化為代碼、歸類。

Fowler（1992）提出，受訪者回答時會提出定義含混

的詞義，資料因此常被曲解。若回答者不懂題目意思，研究人員便無法要求他清楚回答。要提升事實性調查資料的真實性，首先，必須設計出讓所有回答者都懂的問題。

缺乏足夠的資訊

因爲缺乏足夠的資訊而產生錯誤的情形，可分爲兩大類：（a）回答者不知道答案，但其家中有人知道；（b）樣本住戶中，沒有人知道。（a）情形的解決辦法就在資料蒐集的過程之中，而不是在問題設計的時候。問題常常發生在要求住家某個成員提供其他成員的相關資料，或是代替整個住家回答問題。解決辦法有：

1. 確定在家中成員，何者知道最詳盡，再進行訪談。
2. 可以運用不同的資料蒐集程序，讓回答者有機會參考其他成員的意見。
3. 排除代理回答者；只用回答者本身提供的資料。

有時候，必須使用複雜的資料蒐集方法。例如，由人口普查局進行的全國性犯罪調查中，不但從樣本取得家庭犯罪的資料，也直接詢問其他成年的成員其個人犯罪，如搶劫的情形。基本調查若要採用個別訪談方法，訪談住戶內其他成員的成本可以省去。假設其他成員不在家，只要將的表格留下請其作答，或是透過電話訪談，進行二次訪談即可。另外的變通方法就是，請主要的回答者盡可能回

答關於其他成員的所需資料，再寄給回答者摘要，以獲得其他住屋成員的認可、意見（Cannell & Fowler, 1965）。

　　當回答者遇到詢問他本身的問題，卻無法回答時，應該是設計問題時出了毛病的緣故。理論上來說，回答者無法憶起的事，與根本沒有發生過的事，應可分開處理。兩種狀況中，問題出自研究人員，如何設計讓絕大部分的人都能回答的問題。可以採用的方法有：

1.　改變問題內容，問些較不瑣碎的事、或容易回想的。
2.　協助回答者評估答案。
3.　改變目標。

　　有時候問題本身問的答案，要比研究目標所需的更為瑣碎：

　　　問題要求答題者回答他們服用的藥物名稱（非常困難的問題），而研究目標只是要找出誰因高血壓而服藥（較為容易）。
　　　問題問的是收入（以開放式問題形式），而以薪水估算，其實已符合研究目標。

　　回想的方法有些原則可循：影響不大的小事件，要比重要之事容易忘記；最近發生的事，要比很久以前發生的，回答得較為完整（Cannell, Marquis & Laurent, 1977）。有時，改變問題目標，要比更改問題所詢問的內容，更容易

回答且值得的多。例如，雖然所需要的是要求回答這一年來發生的犯罪情形，但若改為只要求六個月內發生的情形，則錯誤會較少。

近來由於認知心理學對調查方法的貢獻，產生了許多新的問題設計方法（Jabine, Straf, Tanor & Tourangeau, 1984）。使用各種方法來幫助回答者回想事情（像是，暗示可能的關聯）或將事件按時序排列（例如，要求回答者回想大約一年前發生的事）。對許多調查而言，研究顯示回答者無法真的因回想而能回答問題；他們不過是評估問題（e.g., Burton & Blair, 1991）。舉例來說，若要求回答者回答，使用自動櫃員機的次數，他們通常是依自己的的習慣來回答，而非試著回想事件本身。因此，研究人員設計其他方法，以幫助回答者做更好的評估。

要注意的是，有時候研究人員希望獲得的答案，不見得受訪者能夠回答。像是，由保險公司給付的醫療費用，人們就不知道實際花費。如果想要知道醫療花費，就需要由供給者或保險公司直接提供資料，以補充回答者不足之處（他們的臨時開支）。

社會喜愛的程度

一定有些事情是回答者在訪談中，不願詳盡回答的。健康狀況的問題，在某種程度來說，較不受社會大眾喜愛，比起其他的症狀，心理疾病與性病，回答的情形很不樂觀（Densen, Shapiro & Balamuth, 1963; Madow, 1963）。住院

若與某些威脅性的因素有關時，像是因此而遭歧視，或有生命危險時，回答的比例即非常低（Cannell, Marquis & Laurent, 1977）。飲酒的問題可能與回想困難，以及回答者受限於社會對酗酒的規範，而少有人回答酒類飲用的情形。遭逮捕和破產，也是回答率低的事項，但通常與遺忘較無關係（Locander, Sudman & Bradburn, 1976）。

在一般的訪談環境中，很可能有些情形限制受訪者回答問題。若研究人員實際上希望受訪者承認的事，令人困窘或是屬於非法的，必須額外努力以說服回答者，其所冒的風險微乎其微，而冒險是有意義的。下面是研究人員在打算詢問敏感性問題時，一些可能的考慮（Catania, Gibson, Chitwood & Coates, 1990; Sudman & Bradburn, 1982）。

1. **盡可能減少判斷；提升準確之重要性。**當簡介與使用字彙時，要特別注意，有時研究人員可能無意間，暗示了某些負面答案的重要程度。

   研究人員必須了解，答題者其實是與研究人員進行談話。問卷與訪談人員的行為，可能構成答題者對研究人員賦予答案詮釋的看法。因此，當答題者得到暗示時，研究人員必須非常小心詮釋答案的情境。

2. **使用自己作答的問題：**儘管並非蒐集訪談資料，就可得到結論，但證據顯示電話訪談的確要比個別訪談更易造成社會喜不喜愛的偏差情形（e.g., Aquilino & Losciuto,

1990; Henson et al., 1977; Mangione et al., 1982）。另外，回答者對某些項目須自己填寫時，要比訪談人員問問題，產生較少社會喜愛程度的偏差情形（Aquilino & Losciuto, 1990; Hochstim, 1967）。這些考量可能會讓人想到另外的郵寄調查，與小組作答的情形。個別訪談調查可以結合自己作答的方法：只要在個訪時，給回答者一份冊子，請他回答裡頭的問題即可。

3. **機密性與匿名**：幾乎在所有的調查活動中，研究人員會保證回答者的答案列為機密，除了研究人員之外，沒有人能夠聯絡回答者，詢問有關答案的事。回答者通常在簡介或收到提醒信的時候，訪談人員會再次向他們保證；這些都可以經由研究人員簽訂委託書而加以證明。若遇到特別敏感或私人性的話題，更須採取特別步驟，保證答案將不會與他們有何關聯（e.g., Fox & Tracy, 1986 所述的隨機應答技巧；Greenberg, Abdel-Latif & Simmons, 1969）。

　　要注意，調查研究受限於研究人員所設計的資料蒐集，其受訪者必須是自願告訴研究人員其想法。有些問題用來訪談隨機樣本時，必須要非常努力才可能得到答案。不過，在這個段落討論的某些程序，像是製造回答時中立性、強調準確的重要，以及中立的資料蒐集過程，很可能非常重要。設計各階段的調查工具時，最好謹慎處理，以減少答案所可能帶來社會喜愛程度的影響及窘困的情形。

提升主觀性問題的真實性

與前述的與客觀性問題不同；這並沒有其他的外在標準。要評估主觀性量測的真實性，只有透過預定的方法與其他問題的答案相較，或是受訪者個人有關的其他特質（Turner & Martin, 1984），討論對影響主觀性測量真實性的原因。要提升主觀性測量真實性的辦法，基本上，只有三個步驟：

1. 盡可能提升問題的可信度，溫習提升問題可信度的段落，關於文字的含混情形、標準的呈現、應答形式不清楚的部分，盡量讓問題對所有回答者都表一致。由於主觀性測量較不可靠，所以其真實性會降低。要特別注意順序性等級的可信度，主要用來測量主觀狀態。答案的選擇必須是單向的（也就是說，只處理一種話題），按順序呈現，不要前後顛倒。

有問題的排列

5.18 你會如何評級你的工作？薪資很高、薪資高但壓力大、薪資不高而壓力也不大、薪資一點也不高？

5.19 你會如何評級你的工作？薪資很高、薪資不錯、薪資尚可、薪資一點也不高？

問題 5.18 包含了兩種等級：薪資程度與壓力大小，兩

者間未必有一定關聯。不一定所有的選擇都要列出。若工作中的薪資與壓力兩個要素都要測量時，問題 5.18 就該分為兩個問題。在 5.19 中，有人會認為「薪資尚可」比「薪資不錯」正面，而對分類感到困惑。這兩種狀況很常見，應該要避免。

2. 在將受訪者歸入連續程度中的等級時，分類越多越好。不過，回答者在選擇等級時，會有判斷上的侷限。當分類的數目超過回答者判斷的能力時，分類過多只會「干擾」，降低可信度。可是，測量不同答題者答案間的變化時，卻能提升測量的真實性。

3. 以多重問題（multiple questions）來問，採用不同的問題形式，以測量相同的主觀狀態；將答案與排列的等級結合。所有問題的答案多少都會受測量的主觀狀態以及回答者或問題本身特色的影響。有些回答者不喜歡較極端的分類；有的人傾向選擇正面的答案，甚於負面；有的人正好相反。多重問題可以使答案的特殊性平均處理，提升測量過程的正確性（Cronbach, 1951; De Vellis, 1991）。

　　最主要要記得主觀性測量意義的關聯性。只有在接受刺激狀況相同時，才可以比較量測分數。文字的細微變化、更改選擇的數字、甚至改變問題在問卷的位置，都可能造成受訪者回答時的重大改變（Schuman & Presser, 1981; Sudman & Bradburn, 1982; Turner & Martin, 1984；都曾提出

許多關於影響量測分散量測分數因素的例子）。對主觀性問題，其量測分散無法直接詮釋分析；只有在不同樣本面對同樣問題時，或是研究答案間關聯模式時，才有意義。

錯誤的情形

社會調查就是要測量所有問題的答案。如果答案量測得宜，對估計的品質影響甚大。問題答案因為可信度不高，所以量測結果不佳（產生不穩定的結果），或因為有所偏差的緣故，估計結果則與實際值有所出入（像是酗酒駕車被逮捕的情形很少提出）。

有不少方法可以提升問題的可信度。本章所提的原則可能都很完善。雖然還有其他方法，但設計定義清楚的問題給所有的答題者，的確是得到優良測量結果的不二法門。

真實性的問題就更複雜了。每個待測量的變數都需要進行研究，以確定測量的最佳問題組，並評估測量結果的真實性。本章有許多用來提升回答率的建議，是從一項二十年計畫評估、改善與健康相關的變數測量而來（Cannell, Marquis & Laurent, 1977; Cannell, Odsenberg & Converse, 1977）。許多方面仍待努力，以提升正確性。

透過好的問題設計來減少測量誤差，是改善調查估計方法中花費最少的方法之一。對任何調查活動而言，要達到仔細的問卷設計與呈現（在第 6 章有詳盡討論），以及

運用現有關於測量的研究文獻，是很合理的。不過，也需要有人花時間著書，測量估計結果的真實性。這樣的工作並不多見；應該有更多人從事努力。

練習

運用本章討論的內容來評估下面的問題，測量是否可信、可以詮釋、分析；如果可以的話，寫下更好的問題。

A.　評估收入多寡：「你賺多少錢？」
B.　評估健康狀況：「你的健康狀況如何？」
C.　測量對生活的滿意程度：「你認爲你的生活如何，非常好、比一般人好、馬馬虎虎、可以更好，或很差？」
D.　評估關於墮胎的法律:「請告訴我您贊不贊成下面的話：墮胎在道德上是有問題的；墮胎應該列爲非法，除非緊急之需。」

請寫下關於兩變數間關係的假設（如健康狀況良好與完善的健康照顧服務間的關聯或良好的住屋品質和高收入間的關係）。然後，在每段假設中，兩個變數都寫下你需要的資訊。然後每個部分都擬一個（或一組）問題，其答案可以提供你所需的資料。請指出你的問題問的是事實或主觀狀態，其結果爲記名式、順序式、間隔式或是比例式。

6

設計及評估問題

　　好的設計調查工具，包括選擇符合研究目標的問題、測試是否適合用來訪談、回答，然後用於設定的形式中，以最容易的方法使回答者與訪談人員都能輕易完成工作。本章討論設計完善調查工具的步驟。

　　每項調查都需要調查訪談人員使用的訪談表，或是回答者自己要看、填的問卷。這些檔案可以採用紙張或是電腦程式，都算是調查工具（survey instrument）。

　　如第 5 章所述，設計完善的調查工具，其基礎在於了解好問題的定義以及如何用來測量。但是，要設計出好的資料蒐集工具有些實際步驟須完成，本章將會呈現這些步驟的摘要。Sudman 與 Bradburn（1992），Dillman（1978），

Converse 與 Presser（1986），Bradburn 與 Sudman（1992），及 DeMaio（1983），都曾詳盡討論這些步驟。

設計調查工具包含兩大要件：選擇測量的內容，設計、測試這些可能產生良好測量結果的問題。通常，第一步即是替調查目標下定義，雖然這些目標可能因為之後的問題測試而有所變動。然後進行選擇、測試問題。調查工具發展過程的步驟，可能包括以下幾項：

1. 小組討論（ focus group）。
2. 草擬臨時的問題組。
3. 個別實驗室訪談（individual laboratory interviews）（並非複製計畫的資料蒐集過程）。
4. 將問題列為調查工具。
5. 預測（pretesting）時，使用接近計畫的資料蒐集過程。

定義目標

想要設計一份好的調查工具，其前提便須該決定測量內容。看似容易，雖的確如此，但是人們卻很容易疏忽這個決定性的因素。有一重要步驟，就是用一段文字，寫下調查將達成的目標。研究人員設計調查工具時，通常設計出與計畫目標沒有直接關聯的問題，寫下目的的緣故，就

是可以確定測量所側重的範圍。其次，應該將用來達成研究計畫目標的測量項目，一一列清。這部分不是列問題；應該是所要測量的變數，列明分類或是範圍。

另外要設計一份分析計畫，與變數測量名單一起搭配使用。假設，設計樣本時就有好的開始，研究人員就要考慮母體中有那些子群需要特別估計。不過，研究人員應該考量（a）那一個變數應設計為獨立的變數，中央趨勢（例如平均值與分配），應被估計；（b）那些變數須獨立以了解分布與相關模式；（c）那一個變數需要控制。

這三份文件，目的的陳述、應測量的變數、分析計畫草稿，在完成調查工具的過程中，非常重要。

初步問題設計

小組

草擬問題組時，與研究母體中的人討論研究議題，很有用處。討論其主要目的的原因就是，要比較回答者對回答研究目標，使用抽象概念的情形。

例子：目標是要測量看醫生的次數。小組討論可以專注於解釋構成看醫生的條件。這有兩個關鍵概念，參與者可能須回答與醫生有關的聯絡方法（例如，電話諮詢、接

受 X 光照射、在實驗室的測試、預防接種），以及他們是否認爲這些算是看醫生。還可能問各種跟他們健康有關的人士（像是，心理學家、精神科醫師、外科醫師助理、眼科醫師、驗光師、物理治療師），並詢問這些是否也算是醫生。

這樣的討論可能提供至少三種重要的訊息：

1. 這些接觸的方法都可能可以列入看醫生的定義。也可讓研究人員琢磨研究的目標及問題使用的文字，在列入的範圍時更爲清楚。例如，是否要考慮將電話諮詢列屬考量呢？

2. 人們認知的程度。例如，是否大家都知道精神科醫生是醫生，而心理學家卻不是呢？應該假設一般人對健康照顧者的背景、訓練或資格有什麼樣的了解、看法？

3. 對某些關鍵字或詞的了解程度。醫生是指（medical doctor）醫學碩士，或是更一般性（像是 kleenex），指穿著白色外衣，施行有關醫療服務的專業人員嗎？

小組討論中最好包括六到八個成員，用意在於討論人們的認知、經驗，或許還有與調查測量有關的感覺。組群的數目會變更，而實際上，在設計的早期階段，有些重心小組的討論結果，可以讓調查工具受益。

草擬問題

研究人員希望產生測量變數的問題。有許多像是和歷史背景與人口統計學有關問題，都具有標準的調查問題。參考芝加哥大學的全國意見研究中心在一般社會調查（General Social Survey）所用的問題，可能很有幫助。仿照各重要調查機構使用的調查工具，或許是很有價值的參考工具。從這些問卷中，研究人員可以了解某些特定的問題是如何撰寫的，如何產生標準式的問題，以及如何建立問卷型式。

利用其他人完成的工作結果很方便；當然，最好是參考先前同一主題的研究問題。此外，若有其他樣本接受過訪談，向他們蒐集資料來比較，可能有助於歸納研究結果。不過，採用前人所用的問題，雖然那些對特定的調查很有用，但卻不能保證問題夠好。許多設計不好的問題一再被使用，這是由於研究人員使用不當的緣故。所有的問題都應測試過，以確定可以用於特定研究的母體、情境、目標。

認知性的實驗室訪談

一旦草擬了問題組後，下一步就可試試是否所有的人都能了解、回答問題。重心小組討論應該能對了不了解有幫助，但是，他們討論的結果並不能用來評估應答內容所使用的特定文字及難度。在建構問題的初步階段，研究人員也可經由其朋友、親戚及同事的測試，獲得問題的可行

性。大多數問題較早的版本通常含混不清，無法按照所寫的來讀，也不是每個人都能回答。

　　一旦草擬好問題之後，在交付進行正式的實地測試（field pretesting）之前，有一項更正式的測試，通常稱爲認知性實驗室訪談（cognitive laboratory interview），助益甚大（Forsyth & Lessler, 1992; Lesser & Tourangeau, 1989）。雖然，這樣的調查須使用各種表格，但有一定的共通性。首先，這個階段的回答者會比資料蒐集時願意合作，如此才能協助研究人員了解問題的可行程度。經常是回答者可領報酬，然後進入實驗室接受訪談，進行錄影。

　　並且這樣的訪談通常不是由一般的訪談人員進行。有時候，這階段的訪談人員是心理學家，有時則爲調查者自己或資深訪談人員的管理者來進行。總而言之，他們必須非常清楚每個問題的目標，才能查知回答者了解問題或回答問題的情形。

　　這可用來詢問回答者預定的問題組，蒐集回答者對問題的了解程度以及回答問題的情況。有時候，回答者被要求再回答問題時，要「想出聲音」，回答者被詢問對問題了解程度的問題，以及有關其答案的事情。這是爲了評估回答者對研究人員想獲得的答案，理解的能力如何以及回答時的準備情形。這種訪談的目標，是爲了找出不是所有回答者都能理解的問題，以及不能按照研究人員預期回答的情形。得來的資料，將用來改進問題。

　　實驗室訪談所能得知的仍然有限。通常，訪談進行的次數不多（多半少於十次），因爲非常耗費人力，也只能

由小部分的人進行。其二，訪談是在人造的情境中營造出來的結果；由自願者來回答，可能無法代表所有的樣本。雖然如此，這種訪談卻在調查工具的設計與評估中，扮演重要的角色。若在實驗室中，並非所有測試者都能了解、回答問題，那在實際的調查中，更不可能有更好的表現了。實地測試中應答所遭遇的理解情形與困難，無法像在實驗室中得到的可靠，因為後者的回答過程是用來測量之用。

認知性實驗室訪談最常用來測試訪談性問題，也可以運用在自己回答的形式裡。雖然自己回答的標準測試，如之後所述，通常包括報告與認知性實驗室訪談所進行的類似問題，當問答過程是以口述方法進行，回答者理解的情況較好。因此，要找出一般預測所無法發現的問題，則以訪談形式來測試自己作答的問題，或許是個有效的方法。

設計、格式化以及編排調查工具

當問題題組預備好要進行最後的預測時，需決定形式要採用訪談人員或是自己作答的問卷。第一步先將問題排序。許多研究人員喜歡先以較簡易、直接的問題開頭，幫助回答者「進入情況」。需要仔細思考的問題，或較令人覺得敏感的，就留到中段或後段再進行。可以採用一個實際的步驟來編號：A1、A2、B1、B2，如此繼續。若有問題加入或刪去，就要再重新標號。

當調查要以訪談人員或自己作答的方法進行時，企劃的目標與問卷形式都應是讓訪談人員或回答者覺得能輕鬆進行為要。對訪談人員進行的調查工具來說，下列的幾項規則有助於達到目標：

1. 訪談人員唸給回答者作答的文字，與指示須唸的有所不同。通常指示用的文字為大寫，而要唸出的問題則為小寫。

2. 標明問題不適用於某個回答者時，該略過的指示。指示應清楚標示訪談人員接下來該問的問題在何處。有的機構喜用框框及箭號等視覺上的提示，很可能是最好的方法。不過這些視覺提示在打字及印刷階段時，較花工夫。有的機構則以文字寫明「跳過」。不論使用何種方法，必須前後一致，訪談人員才不須花時間想要的問題為何。

3. 在括號內放入選擇性文字。像是「（他／她）」或「（丈夫／妻子）」，可以讓訪談人員在需要變化時，輕易地處理。類似的方法還有在訪談人員需要使用字，但問題本身卻沒包括時，可以使用大寫字（像，SPOUSE，配偶）。

4. 確定訪談人員要說的話都用文字寫下來。包括在承接問題、簡介問題、需要下定義、解釋時，問題卻沒有包含的部分。

　　自己作答的問卷，也用同樣的原則；亦即，讓問卷易

於使用。而自己作答問卷的格式格外重要。相對於訪談人員參與的訪談，回答者在此並未受到訓練的好處，沒有足夠的動機讓他們好好完成問卷，問卷也非依照其能力來處理。以下有六項指導準則：

1. 自己作答的問卷本身應提供足夠的訊息。不需要再看指示，通常讀指示後的反應不一。
2. 應該嚴格限制問題爲封閉式。回答者的工作就僅僅是勾選想要的框框或數字。當回答者以自己的話來回答問題時，答案多半不完整、語意不清、很難化爲代碼，因此，拿來測量分析的價值不大。
3. 問題的數目應該不多。問卷設計越精良，讓回答者有同樣的內容、問題可以回答，回答者越不容易把內容混淆，也越容易完成。
4. 問卷應該打好字，越清楚越好。將許多問題擺放於同一頁中，與將同數量的問題分散於不同頁的情形比較起來，前者的回覆率相對上要低些。
5. 跳答問題的數量要盡量少。若答題者需要跳答某些問題，則沒有文字指示的箭號及框框的效果最好。
6. 多提供一些資訊給回答者。若受訪者可能不清楚應該要如何做，就須如此進行。

實地預測

當研究人員認為調查工具已經設計得差不多,幾乎可以使用了,就應該進行實地預測。預測的目的,在於找出資料蒐集的最佳狀態及調查工具實際運用的情形。

預測時程

謹慎的調查機構在進行預測時,通常請有經驗的訪談人員,然後在研究的母體中或類似的母體裡,挑選二十到五十位回答者來訪談。預測中,訪談人員必須扮演兩種角色:一是進行訪談的人員,另一則是蒐集資料過程,回報研究人員關於整個過程,及調查工具須如何改善的觀察員。雖然有時候訪談人員會單獨回報情況,但多半是以小組報告的方法進行。

上述的預測方法在調查設計過程中十分重要;然而,卻有些侷限。訪談人員用來發現問題的標準通常不一,所以他們回報的問題都也都不一致。此外,小組討論無法有系統地蒐集關於預測經驗的資訊。

研究人員開始計畫其他方法,以得到更有系統、價值的預測經驗。其中之一就是要求訪談人員除了在小組時段中回報情形之外,還要填寫每個問題的簡易評級表。評級表詢問的問題有:(a)唸問題是否和文字所述的一樣容易;(b)回答者是否都了解問題的意義;(c)回答者是否能

準確地回答問題。很明顯地，訪談人員必須猜測回答者是否了解題目，是否回答正確；不過，他們在任何調查都是如此。這樣的好處就是，訪談人員被要求要做的和問題設計的其他階段一樣好，這讓調查工具更為實用。並且，使用這些評級表，研究人員可以很容易歸納訪談人員的報告，能更一致地找出問題。

實地預測的發明，其中更重要也更為有用的就是，採用錄音與記錄行為來評估調查問題。只要回答者同意，通常是同意的，便很容易以個訪或電訪的方法，錄下預測的結果。受過訓練的編碼人員可以一邊聽錄音帶，一邊分析在問答過程中發生的問題。

確認調查問題時，有三種情形非常重要(Oksenberg et al., 1991)：（a）訪談人員是否按照所寫的將問題唸出來；（b）回答者是否聽清楚；（c）回答者是否回答訪談人員所需的足夠答案。可以發現在訪談時是否有這三種情形發生；也就是說，有的問題總是被訪談人員唸錯，以致回答者要求要唸清楚，或是回答者總是回答不夠完整。此外，雖然在化為代碼時，無法將回答者不懂的所有問題找出來，但在預測時若發生的機率佔 15%或更高時，就表示那些問題非常有可能產生錯誤的資料或是受了訪談人員的影響（Fowler, 1991; Fowler & Mangione, 1990 ）。

在預測的入碼階段中，所得來的資料好處，就是結果很有系統，可以複製。因此，在問題評估過程中，由研究人員與訪談人員的主觀性意見來主導，而問題產生的具體性可引用的數據則顯得不足。雖然實地預測所使用的錄音

帶錄音及編碼仍屬實驗性質，但有其研究上的價值。應該成為調查前的標準問題測量方法。

預測由答題者自己作答的問卷

若要進行預測，則由答題者自己作答的問卷要比訪談人員協助作答的更需要預測。這是因為訪談人員可以解決一些研究人員在設計調查工具過程中未能解決的問題。但不幸的是，自己作答的問卷要進行預測，難度更高，因為回答問題時所遭遇的理解力不足或困難度高，都不易發現。雖然有人觀察人們填問卷的情況，嘗試找出一些語意不清的問題或指示文字，但都不如在訪談時所用的錄音及行為入碼方法，來得令人滿意。

最好的預測方法可能就是，選取一組回答者見面，親自進行訪談，預測自己作答的問卷。首先，回答者應該以自己是調查過程的一部分，來填寫問卷；然後，研究人員可以主導討論問卷。主題之一就是討論指示文字是否清楚。再來就是，問題題意是否清晰。其三，在回答預設答案時，是否有了解或回答上的困難。

調查工具長度

預測工作做得好的話，可以找出完成一項調查工具所

需花費的時間長度。訪談時間長度應包含成本、回覆率的影響、回答者的能力侷限，以及願意回答的程度。自己作答的問卷，其長度因不同的研究群數及主題，而有影響成本及回覆率；歸納也顯得困難。此外，也很難決定人們受訪的時間長度。聯邦政府的管理暨預算局（Office of Management and Budget）設立了一項指導調查在半個小時之內完成的方針，除非有不可抗拒的因素，需要更多的資料。不過，有些學術調查，進行的時間長度有一個小時之久。

當研究人員發覺，設計的問題比想要問的還多時，可以有兩個解決方案。當然，研究人員只要刪去問題即可；或者另立子問題題組（subsets of questions），選出一組代表樣本來回答。但這個辦法卻增加了調查的困難度，降低估計那些變數的準確度，不過這可能比刪去整個問題組要好些。若採用電腦來輔助資料蒐集，就更容易可以完成這樣的設計。

結論

可能有人會以為評估問題幾乎是主觀的研判過程，關乎訪談人員與研究人員的品味與喜好。現在，則知道不光是如此。調查問題的意思，應該對所有的回答者是一致的；應該是大部分的回答者，都能回答問題；而作答表內的文

字，應該編寫足夠，以求訪談人員能順利依此進行訪談。

　　不論問題撰寫得多清楚，仍有些回答者無法了解，或是有的訪談人員會發生誤讀的情形。但在修改之前，要先評判問題撰寫不良的程度。設計、評估調查工具的過程中，有部分很重要——就是蒐集關於理解程度、問題回答的內容，以及訪談人員與回答者進行的情況，以判斷問題是否需要修改。而實際進行調查之前，好的問題評估工作，對調查活動有決定性影響。要減少調查評估發生錯誤，花費最少的辦法莫過於此。雖然，琢磨出最有效的問題評估方法，仍有待努力，前述的過程大綱，卻以列出很有用的技巧，對調查資料的品質，有正面的影響。

練習

　　請以第 5 章中列於練習的問題，將它們改為問題組題，以便訪談人員能夠以標準的方法來使用。這需要預測及修改。再以同樣的問題，修改成適於自己作答的形式。做出預測結果。

7

調查訪談

　　訪談人員影響調查的評估結果有三方面：他們對回覆率的高低扮演重要的角色，負責訓練與給予回答者動機，還必須處理訪談互動關係中，己身所扮演的角色，並維持公正標準的問答過程。本章探討選擇、訓練、管理訪談人員的重要性，以及調查過程中，如何減少因訪談人員引起的錯誤。

訪談人員工作概況

　　雖然有些調查使用自己作答的形式，但調查檢驗過程

較常雇用訪談人員問問題，記錄答案，不管是面對面，或是透過電話。因其在資料蒐集過程中扮演的重要角色，訪談人員很有可能影響所蒐集的資料品質。管理訪談人員是項困難的工作，特別是個訪研究。本章的目標是要讓讀者了解訪談人員所該做的工作，管理訪談人員的正確過程，以及訪談人員的重要性，與調查評估的品質。訪談人員在蒐集調查資料時，扮演了三種角色：

1. 尋求回答者的合作。
2. 訓練及提供回答者動機，讓回答者做好該做的工作。
3. 負責問問題、記錄答案，設法探求補救不完整的答案，確保答案能符合問題的目標

獲得合作

　　訪談人員必須與回答者聯絡，以便獲得協助。這部分的工作隨著樣本不同而有所變化。回答者願意接受訪談時，訪談人員必須能配合，還要能夠（並且夠堅持）與難聯絡的回答者聯絡，對個訪而言，更必須要能夠、願意到回答者所在之處訪談。

　　雖然許多獲選者答應要接受訪談，但要得到未受通知或一開始不願回答者的協助，無疑是最困難的一件事，也是訪談時最重要的。可能有很多的訪談人員，在這部分失敗的情形最多。

的確，有些訪談人員在取得協助這方面，表現的情況比其他人好。這是由於不同的人格特質影響。有些有效率的訪談人員非常公式化，而有些人則較隨和。根據經驗顯示，容易取得回答者合作的訪談人員個性有兩大特質。首先，他們很有自信。在呈現研究時，就好像回答者很願意合作。他們對話的語調、內容，不會露出訪談結果有疑問的態度。第二，他們能立即取得受訪者的信任，在互動關係中注意受訪者的需要。這或許因內容不同而互異，但卻要注重個人的需求、關心的事以及狀況。

　　雖然這些訪談人員的技巧，對所有的調查而言都很重要，但對電話調查而言，卻是面臨很大的挑戰，因為回答者沒有收到事先的通知（像是隨機撥號的情況就是），或是當回答者對主題不感興趣。

訓練及提供回答者動機

　　回答者的表現如：回答的準確度，與調查目標有直接關聯。訪談人員在確定回答者目標上，扮演重要的角色（Cannell & Fowler, 1964; Fowler & Mangione, 1990）。舉例來說，訪談人員在訪談中步調較快的，回答者回答問題較快。訪談人員若唸問題較慢時，回答者通常較願意花時間思考，以便正確地回答；因此，訪談人員也能得到較正確的答案。研究也顯示訪談人員若鼓勵回答者時，會影響他們回答的態度，以及回答完備的程度（Cannell, Oksenberg & Converse, 1977; Marquis, Cannell & Laurent, 1972）。

大多數的回答者對他們該做的事，以及該如何做，並不很了解。訪談人員這時就須反覆清楚說明，教導回答者如何回答；這一步驟通常較不受歡迎，但確是訪談人員最重要的工作。

使訪談人員標準化

　　調查研究人員會假設不同的答案，是源自於不同回答者自身的因素（好比其看法及經驗）而非他們所接觸的刺激不同之故（像是，問題、所問的內容、以及詢問的方法）。訪談人員訓練的重心擺在教導受訓員如何成爲標準化的訪談人員，而不影響要取得的答案。

　　研究人員希望將訪談人員的行爲標準化的方向有五：他們呈現研究與問題的方法；詢問問題的方法；探求補救不完整答案的方法（像是沒有契合問題目標的答案）；記錄答案的方法；以及訪談人員處理人際關係方面的方法。每一項都會在下面詳細討論。

1. **呈現研究**（presenting the study）：回答者應該對研究目的有些了解，因爲對目標的感受可能會影響他們回答問題的態度。像是機密度，計畫的自願特質，以及誰會使用調查結果等，都會影響答案。好的訪談人員會讓回答者對計畫有相當的認知，使訪談內容有一致性。

2. **詢問問題**（asking the question）：調查問題應該是按照編寫的文字來問，不做變更。有些狀況中，甚至是問問

題時文字上的些許改變，都會對回答問題有重大影響。

3. **探查**（probing）：若回答者未完整回答問題，訪談人員必須問些後續問題，以獲得更完整的答案。訪談人員應該要以間接的方法，探查不完整的答案，也就是以不讓回答者覺得受壓迫而同時能提升回答的喜愛程度的方法。標準的探查方法包括重複問題像是「還有呢？」、「請再告訴我多些答案」，以及「您的意思是？」，若調查工具設計完善，可以將情況處理得更好。

4. **記錄答案**（recording the answer）：記錄答案應該要標準化，才不至於在這階段產生訪談人員所引起的變化。當詢問開放式問題時，訪談人員須逐字將答案記錄下來；也就是說，記錄下回答者所用的字詞，而不加重組、摘要或刪去任何事。而在封閉式問題中，當回答者選擇答案時，訪談人員只需要記下回答者所選的即可。若回答者的文字在入碼時，訪談人員未按照回答者所選的，則就可能產生不一致的情形。

5. **人際關係**（interpersonal relations）：訪談中的人際關係方面，也應該要以標準化方法處理。不可避免地，訪談人員會帶入某些人口統計的特質進入訪談中，像是性別、年齡及教育程度。雖然是強調互動關係中的專業方面，及專注於訪談內容，但關係中，人的因素可以盡量降低。通常會要求訪談人員不要敘說關於自己的故事，或是與訪談主題有任何關聯的看法或意見。訪談人員也不對回答者的答案做任何評判。簡而言之，要避免訪談人員個人的特質影響，因為訪談人員的差異性甚大。表

現得像個專業人員，而非朋友，可以幫助訪談人員與回答者間的關係標準化。沒有任何證據顯示，如朋友般的人際關係，可以改善回答的正確性；反而可能有負面的影響（Fowler & Mangione, 1990）。

當訪談人員與回答者的社會背景不同時，情況可能很複雜。在這種狀況中，兩者間的溝通情形，可能不像背景相似者來得順利。有的訪談人員會採取對策，使溝通更為順暢（例如，運用幽默），或許可以使訪談進行得更好（Fowler & Mangione, 1990）。不過努力使回答者放輕鬆的步驟，卻不可讓他分心，而是要讓他更專注於回答問題才是。

訪談人員工作的重要性

由以上的情形來看，訪談實在不是件輕鬆的工作。並且，若失敗了，可能使調查資料產生下列三種錯誤：

1. 若訪談人員無法取得回答者協助時，樣本可能失去可信度，而發生偏差情形。
2. 調查評估的準確度會降低，發生更多錯誤，實際上訪談人員若不一致時，在某些方面會影響資料。
3. 答案可能會發生系統性的錯誤與偏差狀況，這是因為訪談人員無法正確訓練、刺激回答者作答，或是在回答時，不能建立適當的人際關係。

由於上述的可能性會造成錯誤，研究人員應雇用好的訪談人員。影響訪談人員工作品質的因素有幾個：招募人員、甄選、訓練、管理，設計好問題，以及使用有效程序。下面五個階段討論每種影響訪談人員表現的可能性。

招募與甄選訪談人員

　　調查訪談的工作需要訪談人員某些特質，但卻與資料品質無關：

1. 訪談人員必須要能具備良好的閱讀及寫作技巧。大部分調查研究機構會要求訪談人員具要有高中畢業的程度，也有很多機構則需要或較中意訪談人員至少有就讀大專院校的經驗。

2. 基本上，訪談是兼差性質的工作。一周要工作四十小時來研究一般大眾，很困難；調查機構的工作人員總是來來去去。結果，可能的訪談人員通常是能夠忍受中等收入的人，或較不在意是否為固定工作的人來擔任。訪談人員的薪資，對大專畢業的人而言，通常不高。往往參與調查的訪談人員無法只依賴訪談所賺來的薪水，過一段很長的日子。

3. 對住戶進行個訪的人員，工作時間必須要有彈性；調查需要訪談人員能夠配合答題者的時間。電話訪談的好處

之一就是，即便晚間或週末是對受訪大眾進行調查的最好時段，但是可以採用輪班制。

4. 住戶個訪員必須機動性高，這樣一來，及排除了某些生理上不便行動或是沒有車代步的人。而對電訪人員而言，這些都不是問題。

由於這些實際的工作資格，在美國的調查訪談人員，除非必須招募其他種類的人員，否則大部分是白種人、只須花部分時間來照顧小孩之大專教育程度的女性。

除了這些之外，是否還有其他必要條件，才能使調查訪談人員更願意有好的工作表現，或蒐集好的調查資料呢？答案一般來說是，不。除非在特殊的情況下，有些研究比較想用特定一組的人選。例如，有經驗的訪談人員較容易獲得協助，只不過希望他們繼續訪談工作較不容易；但其經驗卻未對資料的品質發生正面的效果。甚至有些證據顯示，訪談人員會因工作久了，變得較疏忽，蒐集來的資料品質反而較差（Cannell, Marquis & Laurent, 1977; Fowler & Mangione, 1990）。

同樣地，對主題較熟悉的訪談人員也不見得是項助力。事實上，較熟悉的訪談人員，在聽到回答者回答不清楚時，會以為自己已經懂得他的意思，可能會比沒受過類似訓練的人員，詮釋得要多。除非訪談人員的觀察或評估，需要擁有專業素養的人員，否則，沒有特別背景而接受訓練的訪談人員，通常是最好的選擇。

訪談人員的年齡、教育程度以及性別，與資料品質沒

有什麼很大的關聯，雖然，有些證據間接暗示，一般而言，女性人員會在一般樣本中，引起較正面的回響（Fowler & Mangione, 1990; Groves, 1989）。大體來說，研究人員會排除這些人口統計學上的特質（demographic characteristics），而派出最好的訪談人員進行訪談。除非研究主題與種族或宗教有關（或人和人口統計上的特質），考量回答者對同一族群或不同族群的感受。好比，若受訪者被問及對反猶太情結的看法時，猶太籍的訪談人員可能會更改答案（D. Robinson & Rhode, 1946）。同樣地，黑人與白人會因訪談人員膚色的緣故，而對回答種族問題時表達不同的看法（Schuman & Converse, 1971）。

不過，人種相符，未必會改善回答的情形。曾有兩項調查，研究對福利（Weiss, 1968）及投票（Anderson, Silver & Abramson, 1988）的主題中，黑人回答者回答白種訪談人員其收入的正確程度，要比黑人訪談人員好。

研究人員的確應考量調查主題與訪談人員、回答者之人口統計特質間的互動關係。若人種特質（或某些其他因素）對答案有重大影響時，應該考慮控制訪談人員與回答者特質間的關係，以便檢驗訪談人員對資料的影響（Groves, 1989）。對大多數的調查來說，控制訪談人員派遣的實際困難與花費，還有缺乏可預期的效能，對嘗試要控制回答者與訪談人員的人口統計特質有困難。

義務幫忙的訪談人員進行機率樣本調查時，幾乎總是失敗。這有幾項原因。因為很難要求他們參與長時間的訓練，所以，義工的訓練通常很差。又因為很難不採用訪談

義工，回覆率因此較低。除此之外，義工的耗損率（attrition）通常很高。

　　上述的討論，提供一些研究人員挑選訪談人員時的參考。在某些較特別的情況下，訪談人員的種族背景、年齡或性別，都可能影響答案；例如，青少年可能不願回答年紀大的女性訪談人員（Erlich & Riesman, 1961）。不過，就大多數的調查來看，特殊的工作資格需求，多半會產生素質較差的訪談人員。很少因為訪談人員的背景或個人特質，而排除不加雇用。其實，要得到良好的訪談人員，關鍵就在於完善的訓練及謹慎的管理。此外，由於很難事先挑選出好的訪談人員，所以可能會耗損書寫能力不佳的人員。

訓練訪談人員

　　調查訪談人員要接受的訓練有很多種類。訓練所花的時間、訓練種類、課程的內容都根據不同的機構，以及訪談人員工作內容的不同而有所變動。此外，進行實際田野調查前，相對於後續的學習與再訓練，究竟該花多少心力在一開始的訓練階段，也有不一樣的看法。然而，所有的專業調查機構，因關注資料品質的緣故，都會對新進的訪談人員進行至少面對面的訓練。下面簡介一些訪談人員訓練該包含的項目。對設計訓練課程有興趣的讀者，可以參考密西根大學調查研究中心的課程（Guenzel, Berkmans &

Cannell, 1983）。

訓練內容

　　訓練內容包括一般運用於所有調查的訪談資訊，以及研究人員將要進行的特定調查資訊。一般性主題包括：

1.　聯絡回答者與簡介研究的過程。
2.　在設計調查工具中，使用關於文字與略過指示的規則，這樣訪談人員才可以較連貫、標準的方法，詢問問題。
3.　以間接的方法探求不完整答案的過程。
4.　記錄開放式與封閉式答案的過程。
5.　以較公正的方法，來處理訪談中的人際關係的規則與指導方針。

　　此外，許多研究機構認為，讓訪談人員了解訪談在整個調查過程中的角色，應該是個不錯的主意。因此，他們常常試著讓訪談人員熟悉選樣的過程、入碼及分析的種類，還有講述調查的結果。這些訊息可能可以刺激訪談人員，協助他（她）了解工作內容。

　　關於特殊的計畫，研究人員也須知道下列事項：

1.　計畫的特殊目的，包括資金援助、一般研究目的，以及期望研究結果的用途。這些資訊可以提供回答者基本概念，有助於正確回答問題，取得其合作。

2. 用來選樣的特定方法,也有助於回答者回答問題。並且,有些訓練需要知道如何完成基本的選樣設計。
3. 關於某些問題的目的細節。
4. 關於要對回答者承諾的機密度與保證的步驟。

訓練過程

　　教導訪談人員的基本方法有五種:書寫的資料、講課與課堂表現、計畫的練習、練習角色扮演,以及田野工作的觀察。書寫資料通常有兩種。第一,使用概述性訪談人員手冊,提供完整的訪談過程敘述,是非常好的想法。最好能親自訓練訪談人員,並在當地進行計畫,可以節省書寫資料的準備工作。不過新培訓的訪談人員表示,訓練期間有許多資料與事情要學習;若能寫下步驟,訪談人員就得以較輕鬆的方法複習;並且可以讓訊息傳遞更為清晰正確。

　　在訪談人員的訓練階段,講課及示範也佔了重要的比例,不管人員數目只有一人或是一大群人。除了必要的步驟、技巧要呈示外,大部分的培訓員認為對訪談人員示範標準的訪談,讓他們了解如何操作訪談,是一種快而有效的辦法。

　　因為學的是新技巧,所以對管理架構的練習,在訪談人員的訓練中,是最重要的一環。常見訪談人員,輪流扮演回答者與訪談人員的角色。練習中應包括,取得合作與

處理問答過程。以訪談人員不認識，且非角色扮演的實際回答者，配合管理某些訪談練習，可以產生很大的好處。對個訪而言，管理者可以陪伴、觀察新進訪談人員練習情形，或檢視錄影的訪談情況。在電話裡，可以直接管理訪談，或是錄音，之後再來回顧。

有兩份研究（Billiet & Loosveldt, 1988; Fowler & Mangione, 1990）顯示，訪談人員的訓練若是少於一天，則訓練結果並不理想；無法按照指示工作，資料結果變化甚大。在專業調查機構中，訓練課程一般維持二到五天。訓練過程的長度，端視影響因素的數量而定，包括受訓的訪談人員數量，以及受訓計畫的複雜度。不過，影響訓練品質的關鍵，很可能在於管理的訪談練習次數。

管理

要達成良好管理的關鍵，在於擁有足夠的資訊來評估訪談人員的表現，投資時間、資源以評估訊息及合適的答案。管理訪談人員的表現主要有四個方面：成本、回覆率、完成問卷的品質以及訪談的品質。採用中央系統進行電訪的方法，來管理訪談人員，要比田野訪談容易多了。

對管理訪談人員的成本，需要有關於所花的時間、生產力（通常是指完成的訪談）及訪談人員用車的里程數等相關的事情。高成本的電訪人員可能在相對時間內，生產

力較低，回絕率高（遭回絕與完成一項訪談的時間，幾乎是一樣的），或是就找到方法（如修改訪談內容、削鉛筆），可以每小時少打些電話。高成本的家庭訪談人員可能住得離受訪者的家很遠，拜訪的時間很短或造訪時間不適當（傍晚或週末的情況較好），或回覆率不高。

回覆率

在允許的情況下，若能由訪談人員監督回覆率（尤其是回絕的比率，非常重要；但是，卻不容易。主要有三個問題：

1. 對個訪來說，而非指由中央控制設施來進行的電訪，可能較難獲知訪談結果的相關消息。
2. 訪談人員可能會歸因於結果歸類錯誤，而導致少呈報回絕的情況。
3. 訪談人員可能聯絡不同的獲選回答者，有些回答者比其他人還難進行訪談，因此，每位訪談人員遇到的回絕率不同，可能無法完全呈現訪談人員的表現。

必須在整個研究結束後，才能計算出確實的回覆率，但訪談人員在資料蒐集過程中，所努力確認回絕的情況，可以讓管理者發覺問題點，這在管理訪談人員時很重要。若訪談人員遇上回覆率的問題時，很難幫忙解決。在電訪研究中，管理者可以聽其簡介，立刻在訪談後（或未作訪

談）提供回答者該如何處理的有效辦法。對田野訪談人員而言，因為管理者無法觀察訪談人員的情形，工作會較難處理，除非管理者陪伴訪談人員進行訪談。因此，管理者必須要能聆聽訪談人員對樣本所做的簡介。

管理者能給訪談人員有效的提示。除了簡介上的細節外，管理者可能需要告知訪談人員，對待回答者或調查計畫及其價值的概念。不過，這也有些限制，好比不知再訓練的成效如何，而有些人永遠也無法得到令人滿意的回覆率。雖然這讓人氣餒，但要保持高回覆率的有效方法，就是解雇工作效率不高的人員。

重新檢查完成的調查問卷

完成的調查問卷，應該檢視一番，以評估訪談人員蒐集的資料品質。當檢查完成的訪談時，可以看看記錄是否合用、略過的指示正不正確，而所採集的答案是否能夠入碼。除此之外，可以比較逐字記錄答案的訪談，與摘要或重組過的情形。

問答過程

儘管檢視了完成的調查工具，仍無法管理訪談的品質；管理者無由得知訪談人員進行訪談的方法、如何取得答案。為了了解情形，管理者必須直接觀察訪談過程。

由中央控制系統所做的電訪，可以直接管理訪談人員

蒐集資料的情形。管理者應該能夠隨時監督訪談人員，有系統地聽取各個或部分的訪談，以了解每個訪談人員如何評估正確的研究簡介、照文字所述的方法詢問問題、正確而不唐突地尋求答案、適切處理訪談中的人際關係。若有評級表包含訪談人員工作的各個方面，而由監督者評估後，整個過程可以達至完美的境地（Cannell & Oksenberg, 1988）。

當訪談人員在回答者家中，或其他地方進行訪談時，要管理這個問答過程，更為困難。只有兩個辦法解決：管理者可以觀察員的身分，陪伴訪談人員，或是將訪談過程錄影存證。若無錄影或觀察計畫，研究人員便無法評估訪談的品質。可惜檢驗過程中，最重要的部分都是無人監督的，無法查知何者為不良的訪談人員，以進行再次訓練，研究人員除了告訴訪談人員該做什麼外，無法確定訪談品質。的確，從訪談人員的觀點來說，一定很難想像標準訪談到底有何重要，雖然那是訓練的重點，但除此之外，他們無法知道下一步要作什麼。

Fowler 與 Mangione（1990），曾提出證據表示，個訪人員若無錄影以資監督，則訪談較不可能如訓練時般進行。Fowler 與 Mangione 和 Billet 與 Loosveldt（1988），都發現有人直接監督訪談人員時，資料的品質可以改進。所以直接的管理監督，是管理品質良好的研究調查的重要一環。

調查問題

雖然訓練與管理對產生良好的訪談很重要，但或許最重要的是，研究人員是否能夠設計出完善的調查工具。研究顯示，某些問題總是誤導回答者，有的則得不到足夠的答案，需要訪談人員努力探求答案（Fowler, 1991; Oksenberg et al., 1991）。這些問題可以經由第 6 章所述的預測來確定。

訪談人員越探問、解釋或澄清，則他們越可能對答案有所影響。若調查工具設計越精良時，訪談人員越有可能可以進行標準而完善的訪談。Fowler 與 Mangione（1990），及 Fowler（1991）的研究都顯示，要產生好的訪談，良好的問題設計十分重要。

訪談程序

研究顯示，好的問題設計有助於使訪談標準化（Cannell et al., 1987; Cannell, Oksenberg & Converse, 1977）。例如，研究人員能幫助訪談人員訓練回答者，使其在各方面更為一致。訪談開始前，訪談人員可能可以唸下面的敘述：

> 在我們開始之前，因為大部分的人未曾參與過
> 這樣的調查，我會告訴您一些關於訪談過程的事

項。在您的訪談中，會問兩類問題。一是請您以自己的話來回答，然後，我將逐字記下答案，並非僅僅摘要而已。其他的問題，則是備有答案組，請您選擇與您觀點最相同的答案。即使答案都與您的想法不完全相符，但仍請您選擇最接近的，這樣我們才能將您的答案與其他人一起比較。

你會發現這很有趣，訪談人員很喜歡這類的指示。這可以解釋回答者要做的事，使整個問題過程更為順暢。事實上，好的訪談人員會自己給這類的指示。提供明確指示的好處在於，可以因訪談人員都做同樣的事，而減少誤差。此外，這樣的指示，也有助於訪談人員的工作表現。一旦訪談人員讀出指示，解釋工作所期望達到的目標時，很容易能完成應做的工作，要做錯就較困難，因為回答者已經知道訪談人員該做什麼事了（Fowler & Mangione, 1990）。

給回答者的標準指示可以用來設定目標及標準：

您盡可能回答正確，是非常重要的。您可以慢慢做。若有需要，可以參考檔案記錄。若有任何問題，可以向我詢問清楚。

這樣的敘述可保證回答者對其須做的事，有一般性的認識。有的訪談人員會向回答者保證，若願進行訪談，則讓回答者輕鬆作答；訪談人員若讓訪談步調很匆忙時，對結果的準確度有很大的影響。當宣讀類似上述的指示時，

迫使回答者與訪談人員能依期望的注意準確度與資料品質。訪談人員間的差異減低時，即可提升表現情形。

Cannell、Oksenberg 及 Converse（1977），曾嘗試以一種較強勢的做法，在「可以」接受訪談之前，要求回答者簽訂合約，「盡力提供正確而完整的資料」。原先以爲有很多人會回絕，但並未發生。回覆率並未因這份合約而有所影響，反而回答的情形有所改進。在電話中以口頭的方法要求，也可達到同樣的功效（Cannell et al., 1987）。

Cannell 也曾嘗試，將訪談人員給回答者的強調文字標準化，訪談人員往往不小心強化了不必要的回答者動作（例如，快而未加思考的答案）。當 Cannell、Oksenberg 與 Converse 於 1977 年設計訪談表，促使訪談人員對某些好的行爲稱讚（像是，參考記錄或慢慢作答），研究人員的回答果真改善了。不過，這種步驟在一般情形來說，有些難以實現，卻強調了可減少因訪談人員所引起的不當措施。

總之，研究人員除了引導問答過程外，還有其他重要工作。尤其是，訪談人員要負責與回答者溝通訪談要如何進行：回答者、訪談人員該做什麼、其工作目標爲何。訪談人員的工作主要由訪談人員進行，可惜，每個人對工作的認知不同，因而影響了資料。研究人員藉由標準化的指示計畫，使訪談人員的工作容易一些，減少因不同訪談人員所產生的誤差，改善訪談人員與回答者的行爲，讓測量過程更爲精進。

正確性

　　每個調查組織都會擔心訪談人員捏造訪談結果。發生的可能性因樣本、訪談人員及實地調查程序而異。大部分情形中，正確性可能因訪談人員在回答者家中，或由自己家的電話進行電話訪談而受限。如此一來，實際的資料蒐集，便無由觀察了。進行訪問所需花的時間，將常是足夠到讓訪談人員捏造結果，而非實際花時間與心力來做。

　　最後，很可能只好採用要求訪談人員，以簽訂某種合約保證研究與機構本身品質的形式，來防止假造的訪談發生。這類問題似乎是在雇用新進人員時，最常發生。不過，即使機構中有了有經驗的專業人員，還是需要檢查訪談的樣本，以確定確實進行過。

　　確定正確性的方法有二：一是寄給回答者一份簡短的後續問卷，詢問關於訪談的反應。另一個較常用的方法就是，讓訪談人員由回答者處取得一組電話號碼；由管理者挑選詢問。只要事先知道正確性，是透過郵寄或電話方法，就可能可以防止訪談人員作弊。此外，這種再次確定的方法，可以確保資料的正確性。

資料蒐集在調查誤差中的角色

在本章一開始就曾提及，訪談人員會影響回覆率、回答的正確性，或檢驗的準確度。這些在調查評估中，都佔重要的地位。影響調查管理最明顯的是回覆率。雖然這在第 3 章中有較詳盡的論述，但在談及訪談人員品質時，卻值得再次提及，因為在任何特別的調查中，訪談人員對回覆率有深遠的影響。

在問答過程中，要測量因訪談人員引起的錯誤較為困難。通常調查錯誤很難查知。當問題詢問的是主觀狀態時，就如第 5 章所討論的，客觀性的檢查關於偏差或不正確的情形，通常是不可行的。不過，也有研究顯示，由研究人員客觀測量回答者的答案，以評估回答的準確性。這類的研究中（Cannell, Marquis & Laurent, 1977），好比有人訪談獲選的住家，詢問在去年是否曾有人住院的情形。其回答的正確程度，可與醫院於醫院過夜記錄健康訪談報告相比。測量的準確度就如報告中已知的住院比例。

也有不同的研究使用相同的標準（住院比例報告；Cannell & Fowler, 1964），以求得相同的結果。所以，在訪談中，若有一半的回答者向訪談人員回答住院的情形，而另一半在訪談人員完成剩下的健康訪談時，要求採用自己作答的方法，發現回答者不論是對訪談人員回答，或是自己填寫問卷回答的正確率，都是一樣的（r 比率=.65）。研究提示的，不光是訪談人員對回答者的表現，有重大的影

響；而且研究人員對回答者提供的動機亦同。在這兩個例子中，訪談人員的影響對回答的準確度可見一斑。

若無法確認資料的正確性，就無法評估其準確度，但卻能評估出訪談人員對回答者答案影響的程度。若訪談人員以近乎標準的方法操作時，便無法解釋知道訪談人員後答案卻仍有不同的情形。有時候，只要知道誰進行訪談，答案即可預估，也可以說訪談人員不當影響作答結果。Groves（1989），曾詳盡探討計算訪談人員影響答案的技巧，並摘錄許多研究評估訪談人員影響的結果。結果發現由許多訪談人員問的問題中，並無法看出訪談人員對答案所做的影響。不過，的確在調查中約有三分之一到二分之一的問題，訪談人員嚴重影響作答結果。

訪談結果的影響增加調查評估的一般錯誤。乘數（multiplier）的大小，端視層級內相關程度（the size of the intraclass correlation）（rho）與派遣訪談人員的平均數（Groves, 1989; Kish, 1962）。若層級內相關程度為 0.1（Groves 發現其為平均值），而平均訪談的人員為 31，則平均中項（mean）的平均誤差對樣本的評估值，增加了 14%。若派遣的訪談人員數為 50，而層級內相關的程度為.02，則平均誤差的評估值會增加 41%。

除了上述的討論外，有幾點關於訪談人員在調查資料的整體錯誤方面，需要指出：

1. 訪談人員除了對回覆率有一定的影響外，還會影響調查中回答者的答案是否正確、檢驗結果是否一致。有證據

顯示，訪談人員是許多檢驗結果的重要錯誤來源之一。

2. 訪談人員所受的訓練與管理可以提升訪談人員的一致性，因而改善評估的可信度，減少偏差的情形。尤其是，訪談人員若接受的訓練太少（如少於一天），或所接收的改進回報太少，甚至沒有，則訪談的品質往往很差。

3. 對回答者的訓練及指示過程，可以減少訪談人員執行不確實的情況，一般來說，越能控制訪談人員的行為，越能減少訪談人員對資料的影響，提升整體的準確度。

4. 良好的問題設計，是產生較好訪談的關鍵。

5. 有項較不好的選擇就是，派遣訪談人員的一般規模。雖然訓練及管理成本可以因雇用的人數減少而降低，但研究人員在資料的可信度上，可能因為訪談人員必須負責更多訪談，而相對付出更大的代價。想以減少訪談人員的平均派遣數量，來提升調查評估的準確度，往往不符成本效益。

6. 所有調查評估的可信度，實際上，都忽略了訪談人員對資料的影響。這是因為，當訪談人員所分派的為非隨機（nonrandom）樣本，諸如因便利或地利之故，則研究人員或多或少可能無法理出，是訪談人員或是回答者造成的影響。可是，訪談人員的影響確是對大多數調查的許多項目，造成錯誤的重大來源之一。任何忽略訪談人員影響因素的調查評估，其準確度可能會低估了調查錯誤。

訪談人員對造成調查資料誤差所扮演的角色，還未受

到廣大注意。雖然大多數的調查人員知道有些訓練對訪談人員是必要的，但訓練、管理的程序因調查不同而有所異，並且也不足夠。所以要研究人員盡一切可能訓練、管理訪談人員，以減少其影響，並不容易。然而，要改善調查設計的品質，這些方面卻是增加成本效益的主要原因。在調查研究的設計與呈報情形中，訪談人員對估計造成的影響應該有其重要地位，但卻未受到重視。

練習

　　錄下一些你及／或其他人，以標準的訪談表（第 6 章的問題、或由其他管道取得的表）來作角色扮演的訪談。再聽聽錄音帶，記錄每個問題中至少在以下發生的類似錯誤，有系統的評估訪談人員的表現：未依所編寫的文字來唸問題、以偏差（直接）的方法探求不完整的答案；無法探出完整的答案；或其他任何具偏差或不標準的人際間行為。若以小組方法進行，評估要特別注意，才能討論訪談者引起的錯誤。

8

準備調查資料以資分析

通常會將調查的答案轉為檔案，供電腦分析。本章闡述資料格式（data formats）、編碼建立過程（code development）、編碼程序與管理（coding procedures and management）、資料登錄（data entry）及資料檢驗程序（data checking procedures）等的選擇與練習。

資料一旦經由調查蒐集後，不論是採用任何方法，必須譯為某種形式，以供電腦分析。本章內容是有關完成問卷與調查訪談，再將它們化為某種形式，讓電腦可以閱讀、處理。編碼或資料簡約（data reduction）有五個階段：

1. 決定格式（將資料編為檔案的方法）。

2. 設計代碼（編予回答者答案一個數值的規則，讓機器可以處理）。
3. 編碼（將答案轉為標準分類的過程）。
4. 資料登錄（將資料鍵入卡片、磁帶、磁片，具分析功能的軟體才能閱讀）。
5. 資料整理（分析之前，進行最後的檔案檢查工作，確保其準確、完整而一致）。

在將答案登錄於檔案的階段，會發生兩類錯誤。第一，記錄答案或數字時，可能有謄寫的錯誤產生。第二，可能會有入碼決定的錯誤，及答案配等代碼值（code values）時，誤用了規則。品質控制，繫於登錄特殊資料與決定入碼的過程中。那些選擇以及可互替換的過程，將在下面詳盡討論。

資料檔案格式化

每種分析套裝軟體，根據資料格式化的情形不同，而各有其規則。開始設計資料登錄過程時，最重要的步驟莫過於決定要使用何種程式來分析資料，根據檔案格式所制訂的特別規則，這樣的程式可以處理遺漏的資料。「記錄」（record）在此是指關於某個人、某件事，或訪談的所有資料。記錄的線路可能是一條或更多的線（lines）。根據以

往經驗看來，八十欄的卡片就是資料對應於一條資料線（a line of data）所打出來的單位。現在，資料一般都直接載於磁帶、磁片上，但每項記錄或訪談通常仍以按順序排列的線來儲存。雖然隨著使用的設施及程式的不同，而規則有所變化，以下是一些常見的情形：

1. 即使未採用實際的資料卡，但在確認資料落點位置（the location of data）時，運用卡片欄位的格式仍十分常見。在這樣的格式中，八十格的欄位填滿時，就啓用新的線；不過有許多分析程式能夠處理比以往八十欄資料更多的線。若你使用的是這類的套裝軟體時，就不必受限於卡片欄位的格式了。

2. 在某項記錄或訪談裡，每個回答者的連續號碼（serial identifier），通常都落於每條資料線的相同位置。若線或卡片號碼都落於每條資料線的相同位置時，這也有助於確認資料檔案是否完整。這些識別物在確認檔案完整與否時非常重要，且有助於維持資料分類時的次序。

3. 若在調查工具中的資料按照順序編碼，則在入碼、登錄資料及輸入程式時，就很容易了。可以減少錯誤，不須花什麼成本，就可控制品質。

4. 對某些電腦程式來說，在單一範圍或欄位內使用多重代碼（multiple codes），可以辨認，但在其他狀況就不可以了。這可能對單一輸入所需的資料而言，是最好的方法。有些電腦程式可以將空白欄位分析為零，有的卻無法這麼做。若資料真的是指零，最好在入碼時就鍵入零，

而不是將欄位空下來；若打算將未作答情形入碼，應該使用特定的數值（通常是數據，但有時是空白的）。

建立代碼

代碼是將答案譯為數字的一組規則，反之亦然（有的系統接收字母排序的數值，但絕大多數的調查所使用的代碼，通常只用數字）。那些數字代表那些答案，與電腦無關。但代碼是否含混不清，對入碼結果是否可以採信，及分析資料正不正確，影響深遠。數據該對應那個答案（或結果），應有名確的規則。此外，代碼設計時應可降低入碼及分析時所產生的錯誤。下列是一些常見的原則：

1. 要確定沒有回答的問題，設有代表遺漏的代碼。下列幾種情形所使用的代碼應該不同：
   A. 不確定的資訊，因訪談人員或回答者的表現不佳，而無法入碼；有些研究人員也喜歡使用不同的代碼，來區分是因回答者拒絕回答，或其他因素，而沒有答案的問題。
   B. 無法使用的資訊，這樣的資訊無法沿用於特定的回答者（例如，對沒有住院的人，詢問住院的時間）。
   C. 「不知道」的答案，可能被視為是不確定的資訊，

或遺漏資料的某一部分。

2. 對應數據時，要前後一致；對「不確定」、「不知道」，或「其他」的答案，要使用固定的代碼。代碼一致性越高，則入碼人員及程式執行人員會犯的錯誤越少。

3. 代碼盡可能使用現實中使用的數字。準確地使用代碼數字（如將 45 歲入碼為 45）。並且，沒有其他不可抗拒的因素時，將答案出現在問卷的順序編碼。

當回答者可做的選擇或應答格式本身，都設計精良時，編碼人員的工作就只要將答案組對應數據，找出遺漏的資料。不過，當回答者以自己的話來回答問題時，答案的範圍就無法預測。對這類開放式回答的問題，建碼過程是相互作用的，研究人員由答案來確認類別，並將得到的答案排序。

這是用來制訂類別，將分析結果相似的答案組合起來，不同的則分開。若分類工作作得太過仔細，結果會產生許多類別，而每種類別只有輸入一些代碼，這樣的情形很難分析，也耗費入碼員的心力。另一方面，若類別範圍太大、太粗略，會產生重大的差異。良好代碼的標準必須是，清楚地只以唯一一組的代碼數據來對應答案。另一項標準則是可以在有意義的類別中，分析答案。後項標準所能達到的程度，只有透過清晰的分析計畫才能評估。

為了要建立這類代碼：

1. 要了解答案的分析意義，具有何種特質。首要的步驟就

是，將每個問題的答案差別摘要下來，這對研究人員而言，十分重要。

2. 在開始訪談時就將一些答案作成一覽表。然後將這些答案分類，建立草擬的代碼。

3. 將另外的十次或二十次訪談作成分類表；必要時，要修改。

4. 對「其他」的答案，無法清楚列於類別內的，對應以個別的代碼，讓入碼員製作卡片，記錄這些答案。這些卡片可用來擴充、澄清代碼，或加入需要的類別，並提供包括「其他」類別的答案記錄。

5. 應該採用同類的卡片系統，來讓入碼員與研究人員，就入碼規則所產生的問題與含混處溝通，而研究人員也該將其定義與方策，再進一步修正。

上述的步驟與（下面敘述的）有效檢查編碼，應可產生詳盡不重複的分類系統，清楚歸類各個答案，讓將分析資料的編碼人員、編碼管理員及研究人員可以共同使用。

登錄資料的方法

從開始使用自動表格（automated tabulation），到 1970 年代晚期或 1980 年代早期，多年來，從回答者的答案到資料登錄間的過程，主要包含三大步驟：訪談人員在訪談表

中記錄答案；訓練入碼員將答案譯為代碼數據，並在特殊的編碼表格上寫下數據；打卡員將代碼打於八十欄的 IBM 卡上。

即使這些步驟很少再使用，卻有助於了解目標在控制品質上的步驟，設計來降低過程中所產生的錯誤。

· **訪談人員記錄**

事實上並沒有實用的方法，可以測知訪談人員是否正確記錄答案。不過有方法可以減少訪談人員必須決定是否入碼的情形。開放式作答的答案最好是逐字記錄下來，由受過訓練、接受管理的入碼員入碼。訪談人員應該在分類決定不清楚時，寫下所有相關的事項，以便在入碼時，可以檢視、一致處理。

· **入碼**

入碼的品質控制包括：

1. 訓練入碼員，包括讓所有的入碼員將幾份相同的訪談入碼，然後比較結果，確定他們都以相同的方法入碼。
2. 分別檢驗每個入碼員手上的一件樣本代碼。這有兩個目的：可找出做出入碼決定錯誤的入碼員，以及發現產生含混不清、需要分類的規則。
3. 建立標準程序，讓入碼員在碰到不確定的答案時，知道如何入碼。常用的技巧例如，讓入碼員在卡片上寫下含混的答案。這樣的卡片就是確認代碼的系統，有助於管

理者知悉須特別注意的入碼員或代碼。

　　資料登錄的錯誤，可以透過確認的方法降低。所有的資料重新登錄，再與原來的登錄資料相較。若發現錯誤，就可以修正。

・　　**打卡後的資料整理程序，也可以找出錯誤點**
　　可以設計電腦程式，檢驗每個範圍只鍵入合格的代碼值。檢驗的工作也可以確認代碼值間的必要關係（像是，若將醫療程序入碼為「mammography」，有人可能會預期病人性別入碼為「female 女性」）。當確定錯誤或不一致的情形時，訪談的識別號碼就會顯示出來，此時，入碼員就須再回到原來的訪談，以確定錯誤來源；然後再輸入正確資料。

　　新的電腦科技，將資料輸入過程帶入新的里程。上述的舊有技術要配合打卡機，在 IBM 卡上打孔記錄資料。這種機器很貴，只有一種用途；因此只有專業打卡機口可能買下來。不過，因為迷你及微電腦成本相對較低，擁有多種用途，因此使用的情形很普遍，這些機器都可用來輸入資料。所以取代了打卡機登錄資料的地位，它可以由任何人，在幾乎任何的地方來輸入資料。此外，這些機器可以設計程式，來改進資料輸入過程，藉由下列的方法：

1.　登錄任何範圍的資料時，只可使用合格的代碼。
2.　檢驗輸入的資料，以確保之前輸入的資料無誤。

3. 自動確認問題的偶發狀況是否處理得宜（也就是說，當對一組回答者提出一系列問題時，可以設計程式處理偶發狀況，若有遺漏的範圍或問題可以用適當的代碼自動補上）

雖然這些檢驗，不能確認出那些未牴觸程式設定規則的資料輸入錯誤，但很多錯誤可以在修正的過程中，立即發現。除此之外，檢驗不合格的登錄資料、不一致的資料，以及臨時規則是否設計良好，都可在登錄資料時完成，減少使用耗時而易於發生錯誤的資料整理過程。有了這些新的科技，資料登錄除了原有的三步驟過程，現在常用兩個方法。第一種是兩步驟過程，通常稱為直接資料登錄，訪談人員填寫訪談表，然後入碼，同時登錄資料。另一種則為一步驟過程，也就是電腦輔助電話訪談（CATI），或電腦輔助個別訪談（CAPI），訪談人員直接使用電腦輸入答案，入碼同時完成。不須使用紙筆。

一如第 4 章所討論的，電腦輔助資料蒐集越來越為普遍。對電訪而言，每位訪談人員在電話站都有一部終端機。問題出現在螢幕上，訪談人員唸出來，由回答者回答，訪談人員將答案對應的數據值輸入終端機。輸入後，在終端機螢幕出現新問題。可以設計電腦程式只接受合格的登錄資料，確認所登錄的資料與之前輸入的是否一致，以便讓訪談人員能夠找出回答者答案中明顯的不一致處。筆記型個人電腦，為住屋訪談提供了相同的選擇。

CATI 及 CAPI 兩系統有些好處：

1. 電腦可以遵循複雜的問題模式，而這個模式本來在訪談人員使用紙筆所做的調查版本中，很難進行。
2. 由前面的問題或甚至是前一次得到的訪談訊息，都可以用來建立新的訪談資料和問題。
3. 若得到的資料並不一致，訪談人員可以立即修正。
4. 訪談資料可以加入資料檔案，以備訪談後的立即分析。

　　不使用這類系統，也有些原因的。或許最主要的就是設計電腦輔助訪談程式所花的預備時間。若程式有用的話，必須是精準無誤的。訪談人員無法在訪談過程中，處理程式問題，就如使用書寫的模式時，遇到打字錯誤的情況一樣。因此，儘管雖然只須採用簡單的工具，就可偵測出程式錯誤之處，訪談之前還是必須要花上可觀的測試與檢查修正時間。

　　除此之外，資料登錄過程中，無法控制品質。除非在確定登錄的代碼是合格且一致的，否則可能無法檢驗，訪談人員運用電腦輔助系統時，所登錄的資料或編碼的決定（coding decision）。由於無法控制入碼決定，當開放式作答問題出現，CATI 的訪談人員通常逐字將答案鍵入電腦，或記錄於之後的入碼單。Nichols（1988）、Baker 與 Lefes（1988）、Saris（1991），還有 Catlin 與 Ingram（1988）等人，都曾摘錄 CATI 系統的特色、使用情形及經驗。

　　對許多調查來說，兩步驟系統及紙筆訪談模式與直接資料登錄入碼系統，可能是最好的方法。這類系統不像 CATI 或 CAPI，需要耗費事先設計程式及檢查修正的時間，而每

位訪談人員也不須一定要有終端機在旁。大部分的訪談方法中，不包含處理臨時狀況的模式，那對電腦要做的工作來說，太過複雜。

另一方面，這類系統提供單一步驟所缺乏的某些要素。在採用紙筆的方法中，訪談人員沒有太大的壓力面對適不適宜的入碼決定。若代碼不清楚時，他們可以僅寫下得到的資訊，而 CATI 及 CAPI 系統就需要輸入的步驟，才能進行下一個問題。因此，比起訪談人員在沒有監督下所做的決定，紙筆訪談較可能在編碼時，產生不一致的入碼問題。不過，兩步驟資料登錄系統最吸引人的地方，就在它可能可以控制品質。一旦輸入資料後，另一位編碼人員可以再輸入相同的資料，再將每一筆登錄資料與原來的相比。若決定入碼或登錄錯誤的結果產生矛盾，便可以修正。因為這個過程可檢查所有的入碼及資料登錄，所以比起三步驟系統（通常只有檢查決定編碼的樣本）及單一步驟系統（無法檢查在訪談時所有的編碼及鍵入的資料），可要好太多了。

資料整理

若訪談結果以入碼方式，將資料登錄於磁帶或磁片檔案中，此時就要檢驗資料。檢驗步驟中最重要的就是確認資料檔案是否完整，按順序排列。此外，每個範圍都該檢

驗，以確定只使用合格的代碼。即使在資料登錄時曾檢驗過，仍須確認所有的資料是否一如計畫的，呈現出一組分布數據。當然，若資料輸入時並未檢查，那就應該進行內部的檢查。

一旦發現錯誤，就必須參考原來的資料，加以修正。（注意，這在 CATI 與 CAPI 系統是無法進行的，因為電腦記憶體內並未儲存訪談內容）。因為在修正過程仍有錯誤產生，所以必須再次檢驗。若檔案龐大時，整理的過程必定耗時，容易產生錯誤。錯誤可以在資料登錄時發現，那後續的整理動作可以減少。

編碼與簡化資料而產生調查的錯誤

入碼及簡化資料過程，雖然可能在高度監督的環境中發生，但可以完全檢驗出來，因此在調查過程中，幾乎是沒有錯誤的。此外，入碼與資料簡約的成本，通常應該只佔整個調查成本的一小部分。

在處理封閉式答案時，若於操作完善的入碼過程中，因謄寫數據到入碼單所發生的錯誤率，應低於 1%。當然，若這些直接輸入數據，沒有錯誤時，而謄寫過程也檢驗過，則錯誤發生的情形應該很少。

將開放式答案入碼的可信度，會隨著問題本身品質精良與否、代碼的品質好壞，及入碼員訓練管理的情形，而

有所差異。若研究人員將重點放於問題上，而代碼類別清楚，則應該可以期待入碼的可信度會超過 90%；也就是說，編碼員與編碼檢查員兩者，對分類的歧見應會少於每十個答案就有一個的情形。對未受過訓練但適切檢驗代碼的入碼員，產生錯誤的機會相當高。代碼取決於是否知悉完整的定義，好比職業分類、健康狀況，或某種犯罪行為，可以確保編碼人員於訓練、檢查代碼時，特別用心。

　　雖然資料登錄的過程若確認了，就幾乎不會發生錯誤。雖然有些操作員輸入資料時，可以達到很高的正確度，其錯誤率低於每一千筆登錄資料才有一筆錯誤，但仍無法就此假定，登錄的資料可以完全無誤。

　　通常決定入碼及資料登錄過程的原因，不只有降低入碼和資料登錄錯誤的情形至最低。在訪談期間，建檔的速度及發現錯誤的機會，是 CATI 及 CAPI 系統中吸引人的地方，還有在詳載問題文字及順序上，使用電腦的優點都是。不過，若只從減少錯誤的觀點來看，入碼員可以在兩步驟過程中，直接輸入資料，並百分之百可確認其工作成果（編碼及資料登錄），這個方法是最好的。其他的系統無法確實個別檢查所有的編碼決定以及資料登錄。

9

調查研究的道德議題

　　就像所有的社會研究一樣，調查應該經過設計，避免因參與者、回答者及訪談人員所造成的風險。本章節錄一些有關道德的處理調查程序。

　　一如所有有關人類活動的調查，調查研究人員需要注意研究中的道德面。最基本的是研究人員應該確定，回答者是否因調查而受任何困擾。並且，一個好的研究人員也要注意如何盡量提升研究過程中正面的結果。

　　本書當然無法顧及所有研究關於特定群數的議題。對孩童、智障者、患有心理疾病、犯人及其他特殊群數等的研究，可能較需要留意，研究人員可能可以從其他管道獲得指導的方針。Sieber（1992）曾詳述如何以較有道德的方法來蒐集資料。不過，下列有一些關於調查一般群數的道

德準則，所有的調查研究人員應該都很熟悉。

告知受訪人

　　調查研究過程一般包括取得回答者自願的協助。符合道德的調查研究前提在於，回答者應被該告知他們自願從事的內容為何。回答者應該在受訪之前，得到下列的資訊：

1. 進行研究的機構名稱。若有訪談人員參與時，回答者也有權力獲知訪談人員的姓名。
2. 贊助人，也就是說，是誰資助或出錢協助研究。
3. 雖然簡短，但要對研究目的很準確的描述。研究是要試著加強對一般或基本的認識，還是是否有計畫或行動過程，需要設計研究來協助？研究設計所涵蓋的議題或主題為何？
4. 確實陳述答案將被列為機密的情形。若保密的情形有風險，或是有所限制，應該要明白告知。
5. 確定協助是自願的，對決定參與調查研究者，沒有任何負面結果發生。
6. 確定回答者在不願回答時，可以跳過問題。

　　若設計上沒有問題的話，這樣的訊息可以事先寄給或直接告知回答者。儘管還有其他的辦法，應該要求訪談人

員（若雇用了）在訪談之前，審視上述該對回答者做的事。

　　最後，或許就是要求簽署同意書。對選樣調查而言，一般不會要求回答者在完成訪談前就簽名。而這對電訪來說，顯然要拿到簽名是不可行的。甚至在個訪中，大多數的檢視小組也認為不需要簽訂同意表。在大多數情況中，因參與調查而遇到的風險機會其實很小，並且都在回答者的控制中。此外在調查中，回答者若遇到新問題時，有機會決定是否要回答。

　　在受訪者被要求回答可能造成傷害的問題，且答案可能被誤用時，還有所提供的保密措施可能有限制，才會使用同意表。此外，若要求回答者簽訂同意書，允許使用資料以及保密的限制，研究人員可能認為這樣較有保障。Sieber（1992）曾詳盡探討有關同意表的事。

保護受訪人

　　關於保護回答者的主要部分，在於如何處理他們提供的資訊。有些仔細的研究人員用來減少機密漏洞，所採用的標準程序如下：

1. 所有能接近資料或參與資料蒐集的人，應該要簽訂保密同意。
2. 減少答案與辨識物間的關聯，名字或地址是最常見的辨

識物。通常不需要名字，期使調查維持公正；可以避免時，許多調查機構在研究過程並不使用名字。若有特定的辨識物諸如名字或地址，將它們個別填於紙上，與記錄實際調查答案的訪談表分開。

3. 非參與計畫的成員不可取得完成的訪談表。

4. 若非工作人員身分的人要看完成的問卷時，必須先去除辨識物；通常就是盡速移開。

5. 可以由答案辨識出回答者的人員（像是調查中雇用的管理者、在調查中的教師），應該禁止看實際的問卷答案。

6. 實際的資料檔案中，通常每個回答者都有辨識號碼。而使用資料檔案的一般人員，應該不能獲得辨識號碼與樣本住址或辨識物間的關聯。

7. 研究人員在分析階段時，對呈現某一小部分即可能辨認出身分的資料時，格外小心謹慎。

8. 當計畫完成，或結束使用實際調查問卷的時候，研究人員應負責監督銷毀完成的調查研究工具，或確保儲存時很安全。

　　的確除了這些之外，各個調查計畫可能各有不同的程序。不過，一般的方法與該注意的，都在這些程序之中，應該可以代表所有負責的調查研究計畫了。[1]

有利受訪者

在大多數的調查裡，回答者可得到的好處有：享受訪談過程或感覺自己的貢獻。更直接的好處，有時會提供獎金、獎品或服務。當提供服務時，必須注意這並非是交換條件，要求答應妥協調查答案的保密程度。除此之外，還有一點要確定的是，不要過度渲染好處，答應給予好處。尤其是，研究人員取得協助是要正確分析資料。

訪談人員的道德責任

研究人員除了身為雇主的責任外，另對訪談人員要負兩項責任。第一，訪談人員有責任對回答者呈現研究。此時，研究人員有義務確認訪談人員是否提供足夠而正確的研究。研究人員不應該讓訪談人員處於被欺瞞、誤導或不適切的位置。

研究人員應該要處理訪談人員的安全及對犯罪的恐懼。因為一般的住屋樣本所在的區域很廣，訪談人員可能需要去拜訪他們認為不安全的鄰近區域。下列的方針或許有效：

1. 訪談人員若認為不安全時，可以開車去拜訪住家。鄰近

區域的情況每個街區都不同。

2. 訪談人員應該表明清楚，他們的工作應不需要到他們認為不安全的地方。選擇包括了，避免夜間拜訪，利用週末拜訪上班族，與另一位訪談人員同行拜訪或付錢請人陪伴。可以要求訪談人員在管理者找出另其感到安全的環境內工作。

3. 訪談人員應盡快結束敏感的過程，以降低成為犧牲者的危險。

幸好，成為犧牲者的機率微乎其微；恐懼比較常成為問題。然而，在我們的社會裡，仍然有犯罪發生。不管是研究人員，還是訪談人員都該體認，訪談人員該被告知，且不應讓他們到可能成為犯罪犧牲者的任何地方做任何事。

結論

調查研究的道德議題與一般社會科學所面對的並無不同。身為回答者（或訪談人員）會遇到的實際危機及可能的代價，是微乎其微的。雖然須採取某些基本步驟來減少任何參與者或社會科學研究人員形象可能遇到的風險。前述的方法當然不夠詳盡。然而，對每個人以誠實的態度，注意細節，則為基本的方法，可提升利益，避免犧牲的代

價，這應是所有調查研究該努力的方向。

附註

---

[1] 問卷與記錄可以由法庭開傳單取閱。研究人員可以因許諾保密之故，採取幾個方法保護自己。若研究涉及非常敏感的資料，像是吸毒或犯罪，研究人員可以向聯邦或州立機構申請保護。此外，有關的研究人員可以在傳票開出前，先消除答案與辨識物間的關聯，避免回答者與其答案有所牽連。若需要保留兩者間的關聯性，則研究人員可以將相關的檔案送出國，避開美國法庭的司法權。並且，Sieber（1992）曾對這些議題詳細討論。

10

提供關於調查方法的訊息

　　研究人員呈現調查評估結果時，在科學上有義
務完整敘述，影響評估結果所採用的過程細節。此
外，他們應該計算相關的準確度並呈報之。本章探
討調查的全面性方法論敘述（methodological
description），應該包含那些要素。

　　研究人員可以做些方法學上的決定，是否該歸類於「錯
誤」之中。有些本書中討論的研究情形，在蒐集訊息時，
正確有效且節省成本。雖然判斷設計決定時，不能排除研
究內容，但若無法完整描述資料蒐集的過程，卻可以加以
評判。對調查資料的讀者與使用者而言，能取得資料蒐集
的完整敘述，十分重要。
　　一份良好的方法論敘述，有兩大功用。其一是讓人了

解樣本評估所能解釋的群數代表意義。僅僅陳述作者對研究主題的結論，並不足夠；詳盡計算相關的準確度與偏差情形，應該呈現出來，讓讀者能夠自己判斷。第二項功能則是，提供複製資料蒐集所需的程序細節及／或察知程序上的差異，以比較相似的調查。

　　有時候可以發現，只有樣本規模反應調查本身；更謹慎的研究人員會將其抽樣方法與回覆率，詳盡描述。雖然因使用的資料不同，細節上的正確性有所差異，但下面的概述應該可以知悉調查內容。

1. 樣本結構（也就是所抽取的樣本人口）以及評估群數比例，是在研究由特定的結構或所選取的部分人口，而這些部分的群數是整體不同的方法。
2. 抽樣過程，包括任何與樣本隨機抽樣不同的方法，如群集法、層級法或群數中的選樣不均率。
3. 田野實查的結果，初步獲選樣本的傾向：回答者的人數，未作答的人數，及未作答的主要原因。若回覆率因樣本結構內包括不合格的單位（像是電話號碼與住屋單位無法相對應），而無法產生精確的計算結果，研究人員應該將無法確定是否合格的住屋單位及最接近的回覆率評估結果呈報出來。
4. 分析問題的文字，若無法在內容中再製時。對主要報告而言，整個調查工具應該再製。

　　除了資料蒐集過程的事實性敘述外，在方法論附錄中

還有另外五種「受注目項目」（desiderata）。

　　首先，大部分的報告是給調查研究方法學者以外的人閱讀的。因此，對簡介調查可能發生的錯誤，就是對調查方法學很好的導論。

　　第二、抽樣誤差的評估與特定樣本設計都應包含在內。若樣本設計經層級化、群集化，或使用不同的選取率，則設計要素會影響調查中各種檢查而產生不同的結果。研究人員通常計算這些調查中某些檢查的「設計效果」（design effects），包括某些他們預期受影響最大及最小的樣本設計。然後呈現這些項目的設計影響的程度，再加上受樣本設計影響最大之項目的歸納結果。在第 2 章裡提到的歸納表，表現了不同比例的各種樣本規模其一般抽樣誤差的評估，這對讀者也很有用。

　　第三，需要介紹訪談人員，這對資料可能會產生相關的影響。最少要介紹所雇用的訪談人員人數；其年齡、性別，以及種族；新近受訓及有經驗的訪談人員數量；訪談人員受到訓練的程度；以及是否抽樣監督工作。此外，最好評估訪談人員對資料的影響。

　　一如第 7 章所述，若回答者分派給訪談人員的方法，是因方便的緣故，則訪談人員的影響就很難確實計算。不過，Groves（1989）所摘要的報告中，有越來越多的相關資料討論有關訪談人員造成的影響，可以藉此告訴讀者，訪談人員影響評估結果的程度。此外，經由中央設施進行的電話調查，可以了解管理訪談人員的派遣情形，因此可以評估訪談人員的影響程度。若有更多的相關研究，可以評

估訪談人員的影響因素，且評估結果成爲調查方法論報告的要素之一，就更好了。

第四，研究人員應該盡可能地告知讀者，關於未作答情形對樣本評估的影響。訪談人員應該要至少能從拒絕回答者處，取得一點資訊，如此，研究人員才能判知未回答者與回答者間的不同。若樣本原群數的其他相關數據，像是最近的普查數據可以取得，研究人員可用這些個別的數據來比較樣本，以評估未作答情形對樣本的影響。

良好的方法學附錄，應包括調查結果的可信度與正確度。

有三種相關的資訊可以呈報。

首先，若問題是在認知性實驗室測試，或做系統性的預測檢查，其事實及結果是可以報告出來的。若可以了解問題，而在預測階段的入碼行爲，可以說明詢問的問題是按照編寫的文字來問，通常答案也就沒有問題。並且，有時候預測檢查可以顯示問題的癥結所在。這類訊息，顯然對使用資料結果的人也很有幫助。

第二、研究人員可以呈現評估答案正確度的分析結果。有證據顯示，答案對應的方法是以研究人員希望的模式來檢查。Ware（1987），概論評估可信度及正確度的分析。

第三、雖然事實性資料是否準確很難在調查中直接評估，引用相似項目研究的記錄檢查結果，可以提供讀者在評估調查錯誤上，其數量與方向的基準。

問題檢查的程度如何，及要檢查的內容爲何，其實非常欠缺系統性的資料。或許可以這麼說，大多數的調查報

告都假設正確度，也就是答案即為問題設計者認為所代表的意義，受到重視。提升問題及答案的資料蒐集及分析，並且讓問題評估成為調查方法論的一環，是很重要的目標。

　　若調查資料的報告蒐羅了上述的所有訊息，就太過詳細了。不過，所有的訊息，卻對評估相關可能的調查評估品質，有決定性的影響。在調查分析的完整報告裡，應該包括方法論附錄。當出版篇幅較短的作品時，至少應該能包括資料蒐集過程一些細節的方法論報告。

　　最後要注意的是，有些受注意的項目與蒐集、分析檢查結果同樣重要。最好能採取步驟減少錯誤，但卻很少有完全沒有錯誤的報告。要確定調查資料使用妥當，必須記錄檢查結果，以及評估結果中錯誤的數量及形式。此外，這對提升未來調查檢查有深遠的影響。

　　因此，當調查有結果時，就應該將評估資料品質及複製結果的訊息提報出來。只要謹慎地描述使用過程，則後者的目標就可以達成；前者則需要多花心思，以檢查錯誤及分析結果。當報告中未出現某種錯誤時，像是問題是否有意義、或訪談人員是否影響結果，這些不明確的情況，對大多數的讀者不是問題。最少，研究人員可以讓讀者知道影響調查評估的各種錯誤來源（注意項目的第一項）。不過，最後還是希望越來越多調查報告，能呈現某些錯誤的評估結果。

練 習

　　請使用本章所提的標準，有系統地評估某本關於調查工作的著書或報告，看其中的方法論部分是否足夠、完整。

11

關於調查誤差

　　對大多數的研究目的而言，要達到零誤差的評估結果，所需付出的成本太高；實際上，在所有的調查計畫中，總有些潛在的誤差。整個調查設計須考慮調查的各方面，並選擇嚴格執行的程度，以求達到計畫的特殊目的。一些與完善調查計畫及練習的不同處，本章會加以討論，並評估如何盡可能節省成本，以及調查評估的準確度及可信度。

整體調查設計的觀念

　　整體調查設計所指的是，當設計調查或評估調查資料品質時，應看整個資料蒐集過程，而非僅僅調查的一、兩個步驟。樣本的品質（結構、規模、設計以及問卷回覆率）、如所測量的問題品質、資料蒐集的品質（特別指有效的工作人員訓練、管理過程），還有構成各事項與設計決定間的密切關聯，這等等都可能影響調查資料結果品質。整體調查設計方法在調查誤差方面，包含下列三項概念：

1. 研究人員在設計調查資料蒐集過程中，應自覺地將成本與調查設計各方面的方法論間之配合情形，都列入考慮。若投資只改進一種誤差而不考慮其他方面時，就不施行。
2. 評估資料品質時，研究人員會詢問有關所有影響資料品質方面的問題。
3. 研究人員提出調查細節時，會將對資料誤差上造成衝突的過程細節，也一併提出。

關於誤差

根據本書所探討的各種重要的方法論選擇，要想對所有的計畫歸納出通則，並不容易。在各種選擇間，要做出嚴格的決定，其所需成本對每個研究機構而言，都不一樣。同樣地，少花成本卻可能產生誤差的機率，也不盡相同。調查常用的設計概念是指，研究人員應仔細考慮設計的各種選擇，權衡利害關係後，再決定使用。下列是些可能的通則，或許對您有助益。

完美的樣本結構是少之又少，因為研究人員要讓群數中的份子都擁有相同的獲選率。究竟要選誰，這無法跳脫內容來決定。雖然研究人員有義務釐清樣本結構、誰該略過不選，而非暗示其分析的成果是表現未獲選的樣本。

最常見的成本節省選擇，可能就是調查研究中的選樣階段。最糟的是有人想要從資料蒐集時，歸納出未獲選的成員，像是自願填問卷的雜誌讀者。不過，使用非機率選樣的樣本，以較易取得或自願的人代替難獲得協助的樣本，確是許多知名的普查公司所使用的標準方法；這在大多數的輿論、政治性或市場調查中很常見。事實上，對電話調查來說，使用替代樣本並不能節省很多經費，但卻可以讓調查速度進行得快些。而對住戶個別訪談情形，機率取樣或非機率取樣所產生的成本，差異便非常大。最大的差別就在於，是否放棄有關資料誤差數據的可信度；敘述樣本與其群數間的關係，並沒有科學上的依據。若調查目的是

要求得群眾間的看法，這可由許多方面取得，像是非統計數據抽樣法的過程也可以達到這樣的目的。然而，若各評估有利益關聯，則科學上的可信度就很重要，以替代的樣本來節省成本，就沒有太大的意義。

在調查中，常見的折衷方法就是接受低問卷回覆率。一般來說，若決定進行的調查，並無保證能得到高問卷回覆率的過程，那將是個很糟的決定。各個郵件研究中早期回覆的問卷，幾乎都能顯示樣本是否會產生偏差，而這偏差與研究主題有直接關係。儘管電話訪談經常將教育程度較低與年紀大的人排除在外，但電話訪談的低問卷回覆率與偏差間的關聯較小，而組群可能會產生較為不同的看法。雖然這方面並無放諸四海皆準的法則，但若問卷回覆率可能降至 70%以下，大多數的研究人員可能採取檢小樣本規模，將節省的資源用來取得較多的回覆，以得到更準確、更有用的評估結果。

因為大多數想到調查設計、取樣設計的人，對這個主題所花的時間甚少。若要抽取的樣本很複雜時，比較需要合格的統計分析師。通常，這樣的分析師會考慮各抽樣結構，對選樣誤差的計算結果。此時要注意，是否在母體抽樣時採用群集法。事實上，多階段群集選樣法對許多抽樣問題是最好解決之道。然而，也常見有報告提出群集法的影響，忽略了抽樣誤差的評估結果。若研究人員沒有取得有效的樣本隨機抽樣，通常就不能以樣本隨機抽樣的假設來評估一般的誤差。

選擇資料蒐集模式，是影響調查成本最基本的部分。

雖然多年來，個訪調查方法，被公認為是唯一施行一般母體調查的有效的方法；然而，目前在大多數的調查機構中，電話訪談方法則比個訪更受歡迎。

電話訪談對許多目的來說，能有效產生調查資料。不過，詳細計算電話訪談的整體成本並不划算。這端視情況而定，像電話訪談可能會遺漏些沒有電話的人（樣本結構的問題），這就是壞處之一，會產生較高的未作答率（雖然並不一直如此）及研究人員可以蒐集較少的資料（因為電話訪談通常預定花的時間要比個訪短）。許多研究計畫會採用電話調查方法，但有時候須考量電話訪談成本高，而不利大多數節省成本的方法。

調查研究中，最不容易控制的部分就是訪談人員的素質。在訓練、管理精良與較差的訪談人員之間，的確存在很大的差異性。此外，由許多調查問題來看，訓練或管理不良的訪談人員可能會減損了 20%到 30%的樣本規模。也就是說，一千名有效的樣本可能只剩七百名可用。雖然訪談品質會隨著調查內容、問題種類而改變，但在大多數的調查目標中，至少有些問題會是因訪談人員而發生的。因此，若想縮減訪談人員的訓練與管理，可能不是適當的選擇。

訪談人員的品質也會影響作答率。雇用好的訪談人員以取得回答者的合作，是確保達到令人滿意的問卷回覆率最容易的方法之一。嚴密的管理、再次訓練或解雇不良的訪談人員，也是降低未作答情形及減少額外開支的好方法。

採用標準程序，來讓訪談人員對回答者解釋工作內容，

也應納入調查之中。這個方法不須花任何經費，就可提升回答者的表現。

　　透過評估調查問題的方法，是減少調查誤差最重要而節省成本的方法之一。經由妥善運用重點小組及認知性訪談過程，研究人員可以理解問題的一致程度。在田野實察預測中，系統性行為研究可以找出訪談人員，沒有以一致的方法詢問問題的癥結，或對回答者造成的問題。改善問題，可以改善回答者作答的正確度，並減少訪談人員對答案的影響。

結論

　　好的設計及練習的目標就在於，能利用最經濟的方式達到最正確、最可信、最可重複使用的調查結果。這須依所提出的問題，以及使用的資訊來決定。

　　有時候，在閱讀社會科學與物理科學方面的測量過程比較時，會覺得社會科學較不準確、公正。雖然這種結論很常見，但意見卻不一致。物理與生物醫學的基本測量，諸如鉛在血液樣本裡的含量、血壓指數、X 光的研判，還有金屬延展性的測量，都有一定的可信度。在這些範圍內使用方法論，其測量結果可能更好，也可能更差，而與測量過程設計有關；Turner 與 Martin（1984），曾舉出許多例子。調查研究亦同。

實際上，對母體中許多有趣的特質，其零誤差的測量可以採用樣本調查的技巧。問題在於達到零誤差值所花費的成本，並不值得。由群數中抽取住屋單位，可能會遺漏與住戶無關的人。雖然這只是整體群數中的一小部分，但要如何找出選出與住戶單位沒有關聯的人，成本就很高了。

未作答率可以降低至零。普查局所進行的全國性健康訪談調查，雖然在某些市中心的回覆率較低，但仍達到超過 90%的問卷回覆率。若願意花足夠的時間、金錢，即使在最難取得合作的市中心，也可能可以達到近乎 100%的問卷回覆率。不過，成本相當驚人，而可能減少的誤差也不過爾爾。

若能投入足夠的時間與精力於訓練及管理方面，可能可以獲得工作表現接近完美的訪談人員。但相對於所花的成本及誤差減少的情形，卻無法達到理想的要求。

幸好，回答者能夠、也願意回答許多社會科學家及政策制訂者感興趣的問題。若回答者能以標準調查方法來回答問題，就更為方便了；但實際情況卻非如此。例如，若以標準程序來詢問有關酗酒駕車及破產的問題，回答情形通常不好（Locander et al., 1976）。研究計畫有可能讓大多數的人願意回答正確事實，但所要花的心力，遠比研究人員平常用來取得回答者合作的還要多。而且，還要決定正確度及資料使用等的細節問題。讀者可以參閱 Groves（1989）對調查成本及誤差關聯的詳盡分析。

有人認為調查研究的侷限在於，人們是否能夠、願意在調查設計的情境中回答問題。然而，那些侷限是可以解

決的。經由正常的調查程序，可以正確測知真正的問題限制。但即使如此，限制可能與所能花費的預算以及研究人員願意在測量過程中投入的心力，有很大的關聯。

在調查估計階段發生誤差的機會較多，這是因爲這些誤差是可以忍受的。估計是否所設計的折衷選擇正確無誤、明智，以及是否產生適於研究目標的的資料，都須加以考量。調查誤差不會只因仔細、節省成本的決定，就能解決。還有像未作答情形的影響、問題的設計、訪談人員的工作表現，都會影響調查估計的品質。若不注意這些蒐集資料的重要過程，調查資料會缺乏可信度，或不符合可信度的最新標準（Bailar & Lanphier, 1978; Turner & Martin, 1984）。

1. 沒有任何資料的蒐集會差勁到減損研究人員運用資料的能力。
2. 各階段的資料蒐集設計要能一致，使投入的成本能被合理化，以致與其他資料蒐集設計所產生的合理成本能相較之。
3. 調查資料的使用者對於樣本調查的統計、調查誤差的可能來源、及評估調查的有限信心和正確性，皆要表示適度的敬意。

最後，希望調查研究的使用人，可以對任何調查蒐集資料所詢問的問題，有通盤的了解，研究人員可以更清楚設計決定細節的重要性，而所有的讀者能更信任調查設計與執行過程。

參考書目

Anderson, B., Silver, B., & Abramson, P. (1988). The effects of race of the interviewer on measures of electoral participation by blacks. *Public Opinion Quarterly, 52*(1), 53-83.

Andrews, F. M., & Withey, S. B. (1976). *Social indicators of well-being.* New York: Plenum Press.

Aquilino, W. S., & Losciuto, L. A. (1990). Effects of mode of interview on self-reported drug use. *Public Opinion Quarterly, 54*(3), 362-391.

Bailar, B., & Lanphier, C. (1978). *Development of survey research methods to assess survey practices.* Washington, DC: American Statistical Association.

Baker, R. P., & Lefes, W. L. (1988). The design of CATI systems: A review of current practice. In R. M. Groves, P. N. Biemer, L. E. Lyberg, J. T. Massey, W. L. Nichols II, & J. Waksberg (Eds.), *Telephone survey methodology.* New York: John Wiley.

Belson, W. A. (1981). *The design and understanding of survey questions.* Aldershot, England: Gower.

Berry, S., & Kanhouse, D. (1987). Physician response to a mailed survey: An experiment in timing of payment. *Public Opinion Quarterly, 51*(1), 102-114.

Billiet, J., & Loosveldt, G. (1988). Interviewer training and quality of responses. *Public Opinion Quarterly, 52*(2), 190-211.

Bishop, G. F., Hippler, H.-J., Schwartz, N., & Strack, F. (1988). A comparison of response effects in self-administered and telephone surveys. In R. M. Groves, P. N. Biemer, L. E. Lyberg, J. T. Massey, W. L. Nichols II, & J. Waksberg (Eds.), *Telephone survey methodology* (pp. 321-340). New York: John Wiley.

Bradburn, N. M., & Sudman, S. (1992). The current status of questionnaire design. In P. N. Biemer, R. M. Groves, L. E. Lyberg, N. A. Mathiowetz, & S. Sudman (Eds.), *Measurement errors in surveys* (pp. 29-40). New York: John Wiley.

Bryson, M. (1976, November). The Literary Digest poll: Making of a statistical myth. *American Statistician,* 184-185.

Burton, S., & Blair, E. (1991). Task conditions, response formulation processes, and response accuracy for behavioral frequency questions in surveys. *Public Opinion Quarterly, 55,* 50-79.

Cannell, C., & Fowler, F. (1964). A note on interviewer effect in self-enumerative procedures. *American Sociological Review, 29,* 276.

Cannell, C., & Fowler, F. (1965). Comparison of hospitalization reporting in three survey procedures. *Vital and Health Statistics,* Series 2, 8. Washington, DC: Government Printing Office.

Cannell, C., Groves, R., Magilary, L., Mathiowetz, N., & Miller, P. (1987). An experimental comparison of telephone and personal health interview surveys. *Vital and Health Statistics,* Series 2, 106. Washington, DC: Government Printing Office.

Cannell, C., Marquis, K., & Laurent, A. (1977). A summary of studies. *Vital and Health Statistics,* Series 2, 69. Washington, DC: Government Printing Office.

Cannell, C., & Oksenberg, L. (1988). Observation of behaviour in telephone interviewers. In R. M. Groves, P. N. Biemer, L. E. Lyberg, J. T. Massey, W. L. Nichols II, & J. Waksberg (Eds.), *Telephone survey methodology* (pp. 475-495). New York: John Wiley.

Cannell, C., Oksenberg, L., & Converse, J. (1977). *Experiments in interviewing techniques: Field experiments in health reporting, 1971-1977.* Hyattsville, MD: National Center for Health Services Research.

Catania, J. A., Gibson, D., Chitwood, D., & Coates, T. (1990). Methodological problems in AIDS behavioral research: Influences on measurement error and participation bias in studies of sexual behavior. *Psychological Bulletin, 108*(3), 339-362.

Catlin, G., & Ingram, S. (1988). The effects of CATI on costs and data quality. In R. M. Groves, P. N. Biemer, L. E. Lyberg, J. T. Massey, W. L. Nichols II, & J. Waksberg (Eds.), *Telephone survey methodology.* New York: John Wiley.

Converse, J. (1987). *Survey research in the United States.* Berkeley: University of California Press.

Converse, J., & Presser, S. (1986). *Survey questions.* Beverly Hills, CA: Sage.

Cronbach, L. (1951). Coefficient alpha and the internal structure of tests. *Psychiatrika, 16*, 297-334.

Cronbach, L., & Meehl, P. (1955). Construct validity in psychological tests. *Psychological Bulletin, 52*, 281-302.

de Leeuw, E. D., & van der Zouwen, J. (1988). Data quality in telephone and face to face surveys: A comparative meta-analysis. In R. M. Groves, P. N. Biemer, L. E. Lyberg, J. T. Massey, W. L. Nichols II, & J. Waksberg (Eds.), *Telephone survey methodology.* New York: John Wiley.

DeMaio, T. (1983). *Approaches to developing questionnaires.* Statistical Policy Working Paper 10. Washington, DC: Government Printing Office.

Densen, P., Shapiro, S., & Balamuth, E. (1963). Health interview responses compared with medical records. *Vital and Health Statistics* Series 2, 7. Washington, DC: Government Printing Office.

DeVellis, R. F. (1991). *Scale development: Theory and applications.* Newbury Park, CA: Sage.

Dillman, D. (1978). *Mail and telephone surveys: The total design method.* New York: John Wiley.

Dillman, D., Carpenter, E., Christensen, J., & Brooks, R. (1974). Increasing mail questionnaire response: A four state comparison. *American Sociological Review, 39*(5), 744-756.

Donald, M. (1960). Implications of nonresponse for the interpretation of mail questionnaire data. *Public Opinion Quarterly, 24*, 99-114.

Erlich, J., & Riesman, D. (1961). Age and authority in the interview. *Public Opinion Quarterly, 24*, 99-114.

Filion, F. (1975). Estimating bias due to nonresponse in mail surveys. *Public Opinion Quarterly, 39*(4), 482-492.

Forsyth, B. H., & Lessler, J. T. (1992). Cognitive laboratory methods: A taxonomy. In P. N. Biemer, R. M. Groves, L. E. Lyberg, N. A. Mathiowetz, & S. Sudman (Eds.), *Measurement errors in surveys* (pp. 393-418). New York: John Wiley.

Fowler, F. J. (1991). Reducing interviewer related error through interviewer training, supervision, and other means. In P. N. Biemer, R. M. Groves, L. E. Lyberg, N. A. Mathiowetz, & S. Sudman (Eds.), *Measurement errors in surveys* (pp. 259-278). New York: John Wiley.

Fowler, F. J. (1992). How unclear terms affect survey data. *Public Opinion Quarterly,* 56(2), 218-231.

Fowler, F. J., & Mangione, T. W. (1990). *Standardized survey interviewing: Minimizing interviewer related error.* Newbury Park, CA: Sage.

Fox, J. A., & Tracy, P. E. (1986). *Randomized response: A method for sensitive surveys.* Newbury Park, CA: Sage.

Fox, R., Crask, M., & Kim, J. (1988). Mail survey response rate: A method analysis of selected techniques for increasing response. *Public Opinion Quarterly,* 52(4), 467-491.

Friedman, P. A. (1942). A second experiment in interviewer bias. *Sociometry, 15,* 378-381.

Greenberg, B., Abdel-Latif, A., & Simmons, W. H. D. (1969). The unrelated question randomized response model: Theoretical framework. *Journal of the American Statistical Association, 64*(326), 520-539.

Groves, R. M. (1989). *Survey errors and survey costs.* New York: John Wiley.

Groves, R. M., & Kahn, R. L. (1979). *Surveys by telephone.* New York: Academic Press.

Groves, R. M., & Lyberg, L. (1988). An overview of nonresponse issues in telephone surveys. In R. M. Groves, P. N. Biemer, L. E. Lyberg, J. T. Massey, W. L. Nichols II, & J. Waksberg (Eds.), *Telephone survey methodology* (pp. 191-212). New York: John Wiley.

Guenzel, P. J., Berkmans, T. R., & Cannell, C. F. (1983). *General interviewing techniques.* Ann Arbor, MI: Institute for Social Research.

Heberlein, T., & Baumgartner, R. (1978). Factors affecting response rates to mailed questionnaires: A quantitative analysis of the published literature. *American Sociological Review, 43,* 447-462.

Henry, G. T. (1990). *Practical sampling.* Newbury Park, CA: Sage.

Henson, R., Roth, A., & Cannell, C. (1977). Personal versus telephone interviews: The effect of telephone reinterviews on reporting of psychiatric symptomatology. In C. Cannell, L. Oksenberg, & J. Converse (Eds.), *Experiments in interviewing techniques: Field experiments in health reporting, 1971-1977.* Hyattsville, MD: National Center for Health Services Research.

Hochstim, J. (1967, September). A critical comparison of three strategies of collecting data from households. *Journal of the American Statistical Association, 62,* 976-989.

Hyman, H., Feldman, J., & Stember, C. (1954). *Interviewing in social research.* Chicago: University of Chicago Press.

Jabine, T. B., Straf, M. L., Tanor, J. M., & Tourangeau, R. (Eds.). (1984). *Cognitive aspects of survey methodology: Building a bridge between disciplines.* Washington, DC: National Academy Press.

James, J., & Bolstein, R. (1990). The effect of monetary incentives and follow-up mailings on the response rate and the response quality in mail surveys. *Public Opinion Quarterly, 54*(3), 346-361.

Jobber, D. (1984). Response bias in mail surveys: Further evidence. *Psychological Reports, 54,* 981-984.

Kalton, G. (1983). *Introduction to survey sampling.* Beverly Hills, CA: Sage.

Kish, L. (1949). A procedure for objective respondent selection within the household. *Journal of the American Statistical Association, 44,* 380-387.

Kish, L. (1962). Studies of interviewer variance for attitudinal variables. *Journal of the American Statistical Association, 57,* 92-115.

Kish, L. (1965). *Survey sampling.* New York: John Wiley.

Klecka, W., & Tuchfarber, A. (1978). Random-digit dialing: A comparison of personal surveys. *Public Opinion Quarterly, 42,* 104-114.

Lepkowski, J. M. (1988). Telephone sampling methods in the United States. In R. M. Groves, P. N. Biemer, L. E. Lyberg, J. T. Massey, W. L. Nichols II, & J. Waksberg (Eds.), *Telephone survey methodology* (pp. 73-98). New York: John Wiley.

Lessler, J., & Tourangeau, R. (1989, May). Questionnaire design in the cognitive research laboratory. *Vital and Health Statistics*, Series 6, 1. Washington, DC: Government Printing Office.

Likert, R. (1932). A technique for measurement of attitudes. *Archives of Psychology*, 140.

Linsky, A. (1975). Stimulating response to mailed questionnaires: A review. *Public Opinion Quarterly, 39*, 82-101.

Little, R., & Rubin, D. (1987). *Statistical analysis with missing data*. New York: John Wiley.

Locander, W., Sudman, S., & Bradburn, N. (1976). An investigation of interview method, threat and response distortion. *Journal of the American Statistical Association, 71*, 269-275.

Madow, W. (1963). Interview data on chronic conditions compared with information derived from medical records. *Vital and Health Statistics*, Series 2, 23. Washington, DC: Government Printing Office.

Mangione, T., Hingson, R., & Barret, J. (1982). Collecting sensitive data: A comparison of three survey strategies. *Sociological Methods and Research, 10*(3), 337-346.

Marin, G. & Marin, B.V. (1991). *Research with Hispanic populations*. Newbury Park, CA: Sage.

Marquis. K. (1978). Survey response rates: Some trends, causes, correlates. In *Health survey research methods: Second Biennial Conference* (pp. 3-12). Hyattsville, MD: National Center for Health Services Research.

Marquis, K., Cannell, C., & Laurent, A. (1972). Reporting health events in household interviews: Effects of reinforcement, question length, and reinterviews. *Vital and Health Statistics*, Series 2, 45. Washington, DC: Government Printing Office.

Nelson, E. C., & Berwick, D. M. (1989, March). The measurement of health status in clinical practice. *Medical Care, 27*(3), S77-S90.

Nichols, W. L., II. (1988). Computer-assisted telephone interviewing: A general introduction. In R. M. Groves, P. N. Biemer, L. E. Lyberg, J. T. Massey, W. L. Nichols II, & J. Waksberg (Eds.), *Telephone survey methodology* (pp. 337-385). New York: John Wiley.

Oksenberg, L., Cannell, C., & Kalton, G. (1991). New strategies of pretesting survey questions. *Journal of Official Statistics, 7*(3), 349-366.

Payne, S. (1951). *The art of asking questions*. Princeton, NJ: Princeton University Press.

Robinson, D., & Rhode, S. (1946). Two experiments with an anti-Semitism poll. *Journal of Abnormal Psychology, 41*, 136-144.

Robinson, J. P. (1989). Poll review: Survey organization differences in estimating public participation in the arts. *Public Opinion Quarterly, 53*(3), 397-414.

Royston, P. N. (1989). Using intensive interviews to evaluate questions. In F. Fowler (Ed.), *Conference Proceedings: Health Survey Research Methods* (pp. 3-8). Washington, DC: National Center for Health Services Research.

Saris, W. (1991). *Computer-assisted interviewing*. Newbury Park, CA: Sage.

Schaeffer, N. C. (1992). Interview: Conversation with a purpose or conversation? In P. N. Biemer, R. M. Groves, L. E. Lyberg, N. A. Mathiowetz, & S. Sudman (Eds.), *Measurement errors in surveys* (pp. 367-393). New York: John Wiley.

Schuman, H., & Converse, J. (1971). The effects of black and white interviewers on black responses in 1968. *Public Opinion Quarterly, 35*, 44-68.

調查研究方法

Schuman, H., & Presser, S. (1981). *Question and answers in attitude surveys.* New York: Academic Press.

Sieber, J. (1992). *Planning ethically responsible research: Developing an effective protocol.* Newbury Park, CA: Sage.

Singer, E. (1981). Telephone interviewing and black box. In *Health survey research methods: Third biennial conference* (pp. 124-127). Washington, DC: Government Printing Office.

Suchman, L., & Jordan, B. (1990). Interactional troubles in face-to-face survey interviews. *Journal of the American Statistical Association, 85,* 232-241.

Sudman, S. (1967). *Reducing the cost of surveys.* Chicago: Aldine.

Sudman, S. (1976). *Applied sampling.* New York: Academic Press.

Sudman, S., & Bradburn, N. (1982). *Asking questions.* San Francisco: Jossey-Bass.

Thornberry, O. T., & Massey, J. T. (1988). Trends in United States telephone coverage across time and subgroups. In R. M. Groves, P. N. Biemer, L. E. Lyberg, J. T. Massey, W. L. Nichols II, & J. Waksberg (Eds.), *Telephone survey methodology* (pp. 25-50). New York: John Wiley.

Thurstone, L., & Chave, E. (1929). *The measurement of attitude.* Chicago: University of Chicago Press.

Turner, C., & Martin, E. (1984). *Surveying subjective phenomena.* New York: Russell Sage.

Waksberg, J. (1978). Sampling methods for random-digit dialing. *Journal of the American Statistical Association, 73,* 40-46.

Ware, J. (1987). Standards for validating health measures: Definition and content. *Journal of Chronic Diseases, 40,* 473-480.

Weiss, C. (1968). Validity of welfare mothers' interview responses. *Public Opinion Quarterly,* 622-633.

索引

A

B

C

D

關於作者

Floyd J. Fowler, Jr 出生於 1966 年，獲得密西根大學社會心理學的博士學位。自此，他參與多項主要的調查研究，包括當地人口趨勢（local population trends）、對地方政府與其服務的態度（Attitudes toward local government and services）、賭博（gambling）、立法執行情形（law enforcement）、種族緊張狀態（racial tensions）、對犯罪的恐懼（fear of crime）、猶太人的身分認同（Jewish identification），以及老年人的需求（the needs of the elderly）等。他目前的工作主要在於評估醫療情形對生活品質的影響（measuring how medical treatment affects quality of life）。他也參與一些有關方法論的學術研究，探討如何減少由訪談人員產生的錯誤（interviewer-related error）以及評估問卷問題。他曾於哈佛的公共衛生學院及其他學校，教授調查研究方法課程。並擔任麻州州立大學波士頓分校的調查研究中心主任長達十四年，目前為該中心資深研究人員。

弘智文化價目表

弘智文化出版品進一步資訊歡迎至網站瀏覽：honz-book.com.tw

書　名	定價	書　名	定價
		生涯規劃：掙脫人生的三大枷鎖	250
社會心理學（第三版）	700		
教學心理學	600	心靈塑身	200
生涯諮商理論與實務	658	享受退休	150
健康心理學	500	婚姻的轉捩點	150
金錢心理學	500	協助過動兒	150
平衡演出	500	經營第二春	120
追求未來與過去	550	積極人生十撇步	120
夢想的殿堂	400	賭徒的救生圈	150
心理學：適應環境的心靈	700		
兒童發展	出版中	生產與作業管理（精簡版）	600
為孩子做正確的決定	300	生產與作業管理(上)	500
認知心理學	出版中	生產與作業管理(下)	600
照護心理學	390	管理概論：全面品質管理取向	650
老化與心理健康	390	組織行為管理學	800
身體意象	250	國際財務管理	650
人際關係	250	新金融工具	出版中
照護年老的雙親	200	新白領階級	350
諮商概論	600	如何創造影響力	350
兒童遊戲治療法	500	財務管理	出版中
認知治療法概論	500	財務資產評價的數量方法一百問	290
家族治療法概論	出版中	策略管理	390
婚姻治療法	350	策略管理個案集	390
教師的諮商技巧	200	服務管理	400
醫師的諮商技巧	出版中	全球化與企業實務	900
社工實務的諮商技巧	200	國際管理	700
安寧照護的諮商技巧	200	策略性人力資源管理	出版中
		人力資源策略	390

書　名	定價		書　名	定價
管理品質與人力資源	290		社會學：全球性的觀點	650
行動學習法	350		紀登斯的社會學	出版中
全球的金融市場	500		全球化	300
公司治理	350		五種身體	250
人因工程的應用	出版中		認識迪士尼	320
策略性行銷（行銷策略）	400		社會的麥當勞化	350
行銷管理全球觀	600		網際網路與社會	320
服務業的行銷與管理	650		立法者與詮釋者	290
餐旅服務業與觀光行銷	690		國際企業與社會	250
餐飲服務	590		恐怖主義文化	300
旅遊與觀光概論	600		文化人類學	650
休閒與遊憩概論	600		文化基因論	出版中
不確定情況下的決策	390		社會人類學	390
資料分析、迴歸、與預測	350		血拼經驗	350
確定情況下的下決策	390		消費文化與現代性	350
風險管理	400		肥皂劇	350
專案管理師	350		全球化與反全球化	250
顧客調查的觀念與技術	450		身體權力學	320
品質的最新思潮	450			
全球化物流管理	出版中		教育哲學	400
製造策略	出版中		特殊兒童教學法	300
國際通用的行銷量表	出版中		如何拿博士學位	220
組織行為管理學	800		如何寫評論文章	250
許長田著「行銷超限戰」	300		實務社群	出版中
許長田著「企業應變力」	300		現實主義與國際關係	300
許長田著「不做總統，就做廣告企劃」	300		人權與國際關係	300
許長田著「全民拼經濟」	450		國家與國際關係	300
許長田著「國際行銷」	580			
許長田著「策略行銷管理」	680		統計學	400

書　名	定價		書　名	定價
類別與受限依變項的迴歸統計模式	400		政策研究方法論	200
機率的樂趣	300		焦點團體	250
			個案研究	300
策略的賽局	550		醫療保健研究法	250
計量經濟學	出版中		解釋性互動論	250
經濟學的伊索寓言	出版中		事件史分析	250
			次級資料研究法	220
電路學（上）	400		企業研究法	出版中
新興的資訊科技	450		抽樣實務	出版中
電路學（下）	350		十年健保回顧	250
電腦網路與網際網路	290			
			書僮文化價目表	
應用性社會研究的倫理與價值	220			
社會研究的後設分析程序	250			
量表的發展	200		台灣五十年來的五十本好書	220
改進調查問題：設計與評估	300		２００２年好書推薦	250
標準化的調查訪問	220		書海拾貝	220
研究文獻之回顧與整合	250		替你讀經典：社會人文篇	250
參與觀察法	200		替你讀經典：讀書心得與寫作範例篇	230
調查研究方法	250			
電話調查方法	320		生命魔法書	220
郵寄問卷調查	250		賽加的魔幻世界	250
生產力之衡量	200			
民族誌學	250			

調查研究方法

原　　著 / Floyd J. Fowler, Jr.

譯　　者 / 王昭正、朱瑞淵

校　　閱 / 施富士

執行編輯 / 古淑娟

出 版 者 / 弘智文化事業有限公司

登 記 證 / 局版台業字第 6263 號

郵政劃撥 / 19467647　　戶名：馮玉蘭

地　　址 / 台北市大同區民權西路 118 巷 15 弄 3 號 7 樓

電　　話 / （02）2557-5685・0932-321-711・0921-121-621

傳　　真 / （02）2557-5383

發 行 人 / 邱一文

書店經銷 / 旭昇圖書有限公司

地　　址 / 台北縣中和市中山路 2 段 352 號 2 樓

電　　話 / （02）22451480

傳　　真 / （02）22451479

製　　版 / 信利印製有限公司

版　　次 / 1999 年 6 月初版一刷

定　　價 / 250 元

弘智文化出版品進一步資訊歡迎至網站瀏覽：
http://www.honz-book.com.tw

ISBN 957-97910-0-7

國家圖書館出版品預行編目資料

調查研究方法 / Floyd J. Fowler, Jr.著；王昭正、朱瑞淵
譯. --初版. --台北市：弘智文化；1999〔民88〕
面： 公分（應用社會科學調查研究方法系列叢書；8）
參考書目：面；
含索引
譯自：Survey Research Methods

ISBN 957-97910-0-7（平裝）

1. 社會調查—研究方法

540.15   88004093